Djébégoto Bonné Dionkas

Macabre journée au ciel

Djébégoto Bonné Dionkas

Macabre journée au ciel

Tableau 1, 2, 3, 4 et 5

Éditions Muse

Imprint
Any brand names and product names mentioned in this book are subject to trademark, brand or patent protection and are trademarks or registered trademarks of their respective holders. The use of brand names, product names, common names, trade names, product descriptions etc. even without a particular marking in this work is in no way to be construed to mean that such names may be regarded as unrestricted in respect of trademark and brand protection legislation and could thus be used by anyone.

Cover image: www.ingimage.com

Publisher:
Éditions Muse
is a trademark of
Dodo Books Indian Ocean Ltd., member of the OmniScriptum S.R.L Publishing group
str. A.Russo 15, of. 61, Chisinau-2068, Republic of Moldova Europe
Printed at: see last page
ISBN: 978-620-3-86612-4

LES PERSONNAGES

BÉSANÉ, Ministre de la Promotion Féminine

KEMDÉNÉ, Présidente de la Commission d'Organisation de la Journée internationale des Femmes

KEYMADJI, Adjointe Présidente de la Commission d'Organisation de la Journée internationale des Femmes

MADJILAR, trésorière générale

KEYLAR, commissaire au compte

KEYMBÈTÉJÉ, rapportrice générale

DÉNÉMBÈTÉJÉ, représentante de la femme rurale et adjointe rapportrice

AÏCHA, épouse de Djikamkito

DJIGAMKITO, l'époux d'Aïcha

DJIGAMBER, protocolaire ministériel

KEYTAR, la bureaucrate

DÉNÉTAR, l'enseignante

KEMTAR, la commerçante

KEYKOULA, femme rurale

DÉNÉKOULA, femme urbaine

NÉROLEL, représentante de l'Association des Femmes pour la bonne éducation et la responsable du Collectif des Associations de Femmes négligées

DJÉKORNONDÉ, Premier Ministre du Gouvernement

RÉOUKADJI, Ministre de la Fonction Publique

DJÉRÖ, Ministre de la Défense Nationale

DJÉNDODÉNÉ, Ministre de l'Enseignement

DJÉKADJIDÉ, Ministre de la Santé Publique

GARDE CORPS I

GARDE CORPS II

Dédicace

Je dédie cette pièce de théâtre à ma mère Débélé Véronique qui m'a donné la vie, m'a allaité, m'a protégé jusqu'au point où ma vie ait sens et continue sans cesse de l'être car, sans elle et son éducation, je n'aurai guère pensé la philosophie.

TABLEAU I

SCÈNE I

BÉSANÉ ET KEMDÉNÉ

BÉSANÉ

(Discours d'investiture)

Vu la constitution de la République, vu les dispositifs d'organisation des fêtes de la femme dans notre pays, vu vos somptueuses et brillantes ainsi que vos prouesses actions menées pour le bien-être social dans notre pays, vu vos meilleurs et vos multiples prix d'excellence de meilleurs enseignants reçus successivement pendant votre carrière professionnelle, je vous installe au nom de la vertu du pouvoir qui m'a été conféré comme Présidente de la Commission d'Organisation de la Journée internationale des Femmes en abrégé JIF, bien entendu huit mars. Certes, je vous exhorte sans mesure à la réussite de cette fête tant attendue par les femmes en exerçant votre fonction sans rancune ni distinction de camp de celles-ci et de porter au firmament leur voix. Madame, j'ose croire que les multiples contraintes qui minent l'épanouissement des femmes trouveront un écho favorable et des solutions idoines en cette année. Veillerez-vous madame, au strict respect des lois et règlements portant sur l'organisation des fêtes féminines sans complaisance, ni légèreté. En cas d'échec piloté et en faute de quoi madame, vous vous retrouverez devant la barre mortelle, donc ici, non pas pour prêter serment pour la seconde fois ; mais pour répondre de vos actes saints ou sataniques accomplis. Soyez prudente, appliquée et éveillée ; car vous serez régulièrement tentée par vos sœurs immorales. Chère madame, n'ayez pas peur car je ne doute point de votre équipe qui n'est autre que votre moitié.

KEMDÉNÉ

Considérant vos propos analytiques sur la responsabilité, monsieur le Ministre de la Promotion Féminine, je vaudrais en cette occasion, distingués invités, tenir un discours feu, rassurant puis distinct de tous les serments faits par toutes mes prédécesseures en ce jour par ce terme : celui de demeurer rassembleuse et innovatrice que je ne cesserais jamais d'être ! Je demeurerais une Présidente de Commission d'Organisation aux objectifs nouveaux de notre pays, plus lettrée, attentive aux cris des démunies, même au fin fond de notre république, à l'écoute et aux bras sans cesse tendus vers toutes les femmes de notre pays, à l'image d'une poule aux ailles tendues vers ses poussins, d'un berger aux bras tendus vers ses brebis ; monsieur le Ministre, croyez-moi !

SCÈNE II

KEMDÉNÉ, KEYMADJI, MADJILAR, KEYLAR, KEYMBÈTÉJÉ ET DÉNÉMBETÉJÉ

KEMDÉNÉ *(à la réunion de prise de contact)*

L'honneur m'échoit mesdames les membres du bureau national de la Commission d'Organisation de la Journée internationale des Femmes, de présider la toute première réunion de prise de contact et des préparatifs des festivités que nous souhaitons toutes rendre succès. Je voudrais mesdames les membres du bureau, en cette riche réunion de valeurs, recueillir vos avis, vos compréhensions et vos conceptions de ce que la femme d'hier et celle d'aujourd'hui entend de la Journée internationale des Femmes. Considérant donc vos perceptions, vos propositions par rapport à cette journée, nous nous galvaniserons pour mieux réussir cette fête.

KEYMADJI

Madame la Présidente !

KEMDÉNÉ

L'adjointe Présidente, nous vous écoutons !

KEYMADJI

Si dans le passé, les femmes profitent de cette journée pour revendiquer leur liberté dans des divers domaines, depuis ma naissance, ma famille n'a pas cette conception. Inculquer dans ma tête par ma famille, la manière de fêter cette journée dont je me suis conformée jusqu'aujourd'hui est devenue la réalité non discutable à mes pensées. Selon l'enseignement de ma famille d'hier que j'épouse, cette journée est pour moi un moment où j'ordonne à mon mari de me servir sans faille : il se rend au marché en tenue féminine afin d'acheter de quoi à préparer tout en assurant la ration alimentaire de la journée. De son retour du marché, il me voit prendre sa place sans inquiétude. Maitre de la cuisine de la journée, il s'occupe louablement du ménage notamment la propreté de la cour, des chambres, des enfants ainsi de suite. Madame la Présidente, c'est ce qui était fait, je fais et je m'y attendais afin que nous portions ce message à la connaissance de toutes les femmes pour qu'elles fassent autant avec leurs hommes.

KEMDÉNÉ

D'accord ! Madame la trésorière générale !

MADJILAR

Madame la Présidente !

KEMDÉNÉ

Qu'en dites-vous ou quelle pensée nourrissez-vous de cette journée ?

MADJILAR

Madame la Présidente, quand nous entendons dire que cette fête permettait aux femmes de revendiquer leur droit de vote par le passé, je particularise mes actions pendant ce temps que celles-ci se contentaient de vouloir élire leurs bourreaux. Car, vouloir les imiter en faisant fort à mon homme dans le but de lui demander de rendre mes conditions paisibles dans tel ou tel domaine, c'est autant de ne pas mettre en évidence mon époque. Dans cette perspective, c'est aussi vouloir ridiculiser la galanterie de mon trésor. Après m'avoir servie comme mon âne béni, il m'habille autant que possible puis nous sortons. Nous faisons le tour de la ville en visitant les lieux essentiels de luxe, les lieux brillants pour se nourrir, boire en mode nuptial. Ce jour-là, je montrais aux yeux des demi-couples la beauté de mon mari en comportement féminin. De notre retour dans la famille, j'occupe toujours la place haute durant toute la nuit. Madame la Présidente, je propose au bureau que vous êtes en tête de copier ce style pour que toutes les femmes s'organisent de la sorte afin que la fête de cette année soit dans son comble. Certes, il y va de leur intérêt à faire la publicité physique, corporelle et nuptiale de leur mari.

KEMDÉNÉ

Idée très bien exposée, retenue puis comprise, madame la trésorière générale ! Madame la commissaire au compte, vous avez la parole !

KEYLAR

Madame la Présidente, mes remerciements avant tout !

KEMDÉNÉ

Nous vous écoutons !

KEYLAR

Madame la Présidente, il n'y a pas meilleures choses au monde que la beauté stupéfaite d'une femme excellemment embellie, colorée, décorée de pagnes de cette belle circonstance. Madame, si hier, cette journée était un moment propice aux femmes de revendiquer leur meilleur salaire ainsi que leur valeur humaine, quant à moi, aujourd'hui, je n'y adhère pas. J'aime seulement les pagnes ! Et je les aime pour cette fête ! Chaque année, je fais partie des partenaires pour la vente. Ce qui me rapporte énormément d'argent puis je me procure de des pagnes pas moins de cinq étoffes. Et donc, pourquoi réveiller le démon qui dort en l'homme ? Puisque les hommes nous ont tout donné : ils font partie parfois de l'organisation de notre fête, juste pour nous diriger parce que femme entre femme ce sont les aimants de même pôle qui se repoussent, c'est-à-dire les querelles nous regardent, car, nous notons leur présence avant, pendant et après la fête, la subvention de nos pagnes… Alors, madame la Présidente, parlons d'autres choses que les pagnes qui sont les symboles intrinsèquement liés à notre fête, notre être. Je trouve trop arbitraire d'évoquer ce sujet. Donc, concentrons-nous uniquement sur sa production massive et son prix. Madame, j'en ai fini !

KEMDÉNÉ

Rien n'est comparable, plus miroitant que l'éducation reçue à la cellule familiale et bien plus encore la culture communautaire. La commissaire au compte, vos états d'âme de cette journée sont non négligeables. Pour ce faire, nous donnons la parole à la rapportrice générale ! Madame, le bureau vous écoute !

KEYMBÈTÉJÉ

Pour une chèvre qui, à force de vouloir satisfaire ses besoins alimentaires qui la conduisent à trouer le secco d'une femme sérieuse, son enfant n'hésite à la suivre. Car, si par le temps daté et bien accompli, les femmes ont pour seul moyen de cette journée la revendication de leurs droits socio-éducatifs et leur liberté d'expression, moi, je suis ma famille des acquis. Une telle période est pour moi un moment favorable pour la découverte de différents sexes des hommes. Le huit mars est un tremplin de découverte de huit pénis, la bonne qualité ainsi que la mauvaise car, je m'empare copieusement : huit mars, la touche de huit sexes d'hommes : huit mars me donne huit pénis. Pour moi, tout se transmet pendant la jeunesse et l'âge adulte le réalise. Certes, l'enfance conduit la vieillesse. Entre temps madame, c'est une seule journée où les parents me permettaient de visiter et aller avec les amis. Profitant de ce libertinage accordé par ces derniers, mes amis et moi visitons puis sortons avec nos meilleurs dodus mecs. Entre nous, tout se dit et se fait. C'est ainsi que les idées grandissaient en moi. Dans ma famille de restitution des acquis d'aujourd'hui, mes enfants ont totalement la liberté de sortir pendant cette journée afin de découvrir le monde : les pagnes et le sexe d'abord ! Et de mon côté, je n'ai laissé aucune chance à mon mari de me contrôler, ne serait-ce un petit déplacement effectué. Eu égard à des faits et de l'évolution, j'exhorte votre bureau à sensibiliser toutes les femmes sur cette valeur pour l'organisation de la fête de cette année.

KEMDÉNÉ

Madame, je tiens à vous informer que le bureau a pris bonne note de vos émotions sensorielles exprimées face à ce sujet car, la parole est accordée à madame Dénémbètéjé.

DÉNÉMBÈTÉJÉ

Madame la Présidente, mes sincères remerciements de m'avoir accordé le micro.

KEMDÉNÉ

Nous vous écoutons !

DÉNÉMBÈTÉJÉ

Si la fin de l'oppression, des discriminations, l'appel à l'émancipation, à la défense et à l'extension de droits des femmes, de leur statut puis l'amélioration de condition de vie dans la société ayant de système bâti sur l'inégalité qui sont au cœurs de la Journée internationale des Femmes par le passé, je pense que madame la Présidente, cette journée est pour moi un moment où toutes, nous devons lever l'ambigüité de l'existence outrageante de la femme manipulée consciencieusement par l'homme, malgré la sacralité de l'être humain que nous possédons toutes et tous. Ainsi madame, je lance un cri d'alarme envers vous afin que nous nous inscrivions dans le concert des humains par le biais de cette journée. Car, pour une petite histoire, j'ai trois coépouses qui, chaque année, notre mari nous partage les houes à la tombée de pluie. Une houe chacune, cette houe nous permet de nous mettre au service d'un individu de notre localité ou à un quelconque petit employeur quotidiennement. De notre retour, nous lui devons cinquante pourcent de notre émolument pour ses besoins personnels puis, il a droit au repas. De même, il nous instruit de faire tout sauf rien. Madame la Présidente, c'est le véritable cycle de ma vie conjugale. Très proche de moi, ma voisine nage dans le même dilemme. Quant à elle, elle doit donner soixante-quinze pourcent de revenu de son alcool, qu'elle doit même préparer tous les jours à son mari. Cette dernière doit prendre en charge toute présence de l'étranger dans la famille à un taux qui représente quatre-vingt pourcent du revenu de son alcool. Madame la Présidente, libérez-nous de ce fardeau conjugal. Sinon, nous mourons à petit feu ! Les pagnes et les autres niaiseries racontés ne me concernent pas.

KEMDÉNÉ *(Riant)*

Et donc, êtes-vous heureuse d'être parmi nous !

DÉNÉMBÈTÉJÉ

Combien de fois, suis-je donc ! Nous sommes aussi utiles mais les organisatrices des pareilles cérémonies nous oublient en pensant que les femmes se trouvent seulement en ville !

KEMDÉNÉ

Evidemment madame ! Mais, sachez que l'éclairage des sujets a son sens crédible de réalisation au moment où, la séance de discussion entre les personnes passe par la communication libre. Et donc, c'est l'avis de l'une ou de l'autre qui compte. Mais, nous devons prouver au monde que la femme est aussi une personne morale, physique et douée de raisons exceptionnelles à l'occasion de cette journée où le monde masculin et des organisations veulent nous entendre sur les sujets qui nous minent et non pas aux choses éphémères.

KEYLAR

La beauté qu'a une femme en cette journée n'est pas une chose éphémère, madame la Présidente ! Mettons les pagnes à la disposition du public !

KEMDÉNÉ

Comment pensez-vous ainsi madame ! C'est l'Assemblée qui décide. D'ailleurs, les pagnes produits pour cette circonstance sont vides de sens et je dirais même nuisibles, comme une femme qui réclame les pagnes à l'égard de son mari, qui n'arrive pas à subvenir aux besoins croissants de la famille : double peines ! À quoi sert la beauté d'une femme performée par les pagnes du huit mars si son mari ne lui rationne pas, l'a bât quotidiennement, n'assure pas son rôle de père de la famille ? À quoi sert les bels visages rendus plus attrayants, doux, attaquants et piquants par les pagnes de cette journée, quand votre mari considère les violences conjugales comme un ballon de foot tournoyé sous les pieds de Ninga Casimir, de Samuel Eto'o, de Sadio Mané, de Messi, … Quand il vous considère comme un sujet sexuel, un objet de torture, une machine à production d'enfants voire une meule de limage du sexe masculin ? C'est là, la foutaise des foutaises.

KEYMADJI

Vous avez mille fois raison, madame !

KEMDÉNÉ

J'ai raison ou pas ! Combien sont les femmes ministres dans notre gouvernement ? À l'Assemblée Nationale et dans l'armée ? Peut-on dénombrer un nombre considérable de nos filles dans les structures éducatives, sanitaires, commerciales… ? Sont-elles financées ou aidées, celles ou certaines ou encore quelques-unes qui réalisent les bonnes œuvres là ! Les marchés qui renferment des femmes qui se débrouillent juste pour nourrir la famille et financer les études de leurs enfants sont-ils construits ? N'est-ce pas, ces femmes sont sous les rayons caniculaires, sous le regard puissant de leurs oppresseurs ? Porter de beaux pagnes et être inscrite dans le concert des humains, lequel des deux points qui garantissent la vie d'un être humain comme, d'une femme… ?

MADJILAR

Madame la Présidente, je pense que le deuxième point répond à la norme humanitaire. Mais les pagnes… ?

KEMDÉNÉ

Font quoi ? Nous n'avons pas de franc parler pour occuper des postes clés comme… Et si nous ne sommes pas acceptées par les hommes dans ces lieux. Alors, n'allons pas profiter de cette journée pour revendiquer ?

MADJILAR

Nous en avons tellement madame !

KEMDÉNÉ

Comme !

MADJILAR

Madame Rosine Amane Djibergui[1] ! Nous notons aussi les Présidentes charismatiques !

KEMDÉNÉ

À l'exemple de ?

MADJILAR

Ellen Johnson Sirleaf, Cristina Fernandez de Kirchner, la Chancelière Allemande Angela Merkel, Catherine Zamba Panza …

KEMDÉNÉ

Avec tant de compétences qui dégagent des femmes, vous vous êtes fiées aux pagnes afin de les gouverner ? Comment donc mes très chères ? À quand nous pouvons cesser cette idée d'un nigaud ? De nos jours, il y a lieu de saisir cette opportunité en cette journée pour se poser les interrogations telles que l'échec des femmes aux élections présidentielles !

DÉNÉMBÈTÉJÉ

Bonne réflexion, madame la Présidente ! Au sujet de l'échec des femmes aux élections, nous n'allons pas y réfléchir de midi à quatorze heures.

KEMDÉNÉ

Alors !

MADJILAR

Dans ma tête, les noms de trois femmes me trottinent. Il y a Marine Le Pen, Hillary Clinton et Ségolène Royale qui, espérons d'être sauvées grâce à elles, les hommes auraient nous prouvé une fois de plus que leurs pieds sont posés en lieu bien cimenté il y a belle lurette.

KEMDÉNÉ

Belles illustrations ! Car, ces pays qui prétendaient être les berceaux des lois, table de décisions, source de respects des lois au monde, auraient refusé d'accepter celles-ci dans leurs palais respectifs parce qu'elles sont simplement des femmes, des êtres de sexe faible et… Madame la Présidente, pour eux, ils auraient pensé qu'en confiant le pouvoir aux êtres humains de sexe faible, ils perdront leurs puissances face aux pays gouvernés par les hommes. Quel empirisme ! N'en parlerons pas de l'ensemble des pays qui ont le droit de véto !

KEYMADJI

S'il vous plaît madame la Présidente, à quoi bon de se concentrer aux torts causés par des hommes ?

KEMDÉNÉ

Nous vous écoutons si vous avez quelque chose à dire !

KEYMADJI

Evidemment ! Votre commissaire au compte était à l'origine du départ de sa coépouse du fait qu'elle veut gérer son mari à son compte unique. Saviez-vous comment elle a pu réaliser son forfait ? Je ne vous apprends rien de nouveau dans cette affaire. D'ailleurs, l'affaire était publique. Elle a convaincu son mari de faire partir celle-là, parce qu'elle orchestrait en commun accord avec ses enfants en jetant son mari dans leur latrine puis l'enfermant durant toute une semaine. Ce dernier se nourrit de déchet ainsi que des excréments. N'importe qui de la famille qui passait à cet endroit pour ses besoins, le rouant de coups à sa guise avant d'y sortir. C'est ainsi que le monsieur acceptait un jour de faire quitter sa femme et en fin, se libérer des fredaines, des escapades de ses enfants et de sa femme. Madame la Présidente, est-il possible qu'une femme qui prétendait être ouverte puisse-t-elle agir de la sorte ?

KEYLAR

Madame la Présidente !

KEMDÉNÉ

Exprimez-vous librement si vous le souhaitez bien !

KEYLAR

Le soleil expose les malchanceux de la vie de leurs actes. Alors, tout va se dire aujourd'hui !

KEMDÉNÉ

Sauf rien ! Cette journée qui, normalement nous offrira l'occasion d'enterrer les maux qui entravent nos essors, moins encore ce qui nous retire du concert des humains, nous le comprenons et détournons le vrai sens. Et comme vous commencerez à prendre conscience de l'enjeu, allons-y !

KEYLAR

Effectivement madame la Présidente ! Sinon votre adjointe est actuellement directrice d'une entreprise de la place. Avant son arrivée à la tête de l'entreprise, il y a deux femmes handicapées qui travaillent au sein de cette entreprise.

KEYMADJI

Je vous interdis de dire ça !

KEYLAR

Ne m'embrouillez pas madame ! Je disais qu'il y a deux femmes handicapées, employées dans cette entreprise. Deux semaines de sa prise de pouvoir, celles-ci ne commettant aucun cas qui mérite licenciement, mais elles ont été purement et simplement licenciées de l'entreprise pour des causes incertaines. Voyons donc !

KEMDÉNÉ

Abomination ! Abomination ! *(Toute l'Assemblée a ses bras sur la tête sauf elle la concernée)* ! Abomination !

KEYMADJI

Pourquoi vous êtes si méchantes comme ça !

KEYLAR

N'est-ce pas vous-même qui avez semé le vent !

KEMDÉNÉ

Alors, après avoir écouté vos points de vue sur ce qui peut se faire, devrait être mené comme activités, organiser et peuvent se produire pendant cette journée, je décide en tant que responsable de la Journée internationale des Femmes de cette année à financer les projets des femmes, venir en aide aux organisations de celles-ci en vue de construire des structures fortes qui accueilleront les filles et les femmes pour leur formation, à améliorer leurs conditions de vie et leur statut, à protéger leurs intérêts, leur insertion dans la société de la manière la plus digne et de tout mettre en œuvre pour que la condition précaire de la femme soit ce qu'elle devrait être. Bien plus, nous produisons les pagnes en quantité minimale, juste pour décorer l'endroit de la cérémonie et nos structures bien déjà bâties.

KEYMBÈTÉJÉ

Et là, madame la Présidente, mon mari me tuera !

KEMDÉNÉ

Nous vous soutenons !

SCÈNE III

DJIGAMBERT, BÉSANÉ ET KEMDÉNÉ

DJIGAMBER

(Juste à l'entrée du bureau de Kemdéné) Le protocole du Ministre !

KEMDÉNÉ

Le bureau se félicite du rendez-vous honoré !

DJIGAMBER

Veuillez accueillir monsieur le Ministre !

KEMDÉNÉ

Avec plaisir, monsieur *(le ministre fait son entrée)* ! Veuillez prendre place, monsieur le Ministre d'État, ministre de la Promotion Féminine !

BÉSANÉ

Ravi de m'être accueilli avec une voix mélodieuse. On dirait que je suis en train d'être loué par les archanges du très haut !

KEMDÉNÉ

Tout à fait normal monsieur le Ministre d'État, Ministre de la Promotion Féminine. Je vous rassure d'avantage que vous mériterez bien plus d'autres compliments que cette voix qui est un tout début d'actions. Cette voix vous promet également d'énorme merveilles que vous n'avez pas encore vécues depuis votre naissance, monsieur le ministre d'État, Ministre de la Promotion Féminine.

BÉSANÉ

Le plein droit de mérite me revient comme vous souhaitez bien madame la Présidente !

KEMDÉNÉ

Sûrement, monsieur le Ministre d'État, Ministre de la Promotion Féminine !

BÉSANÉ

D'accord !

KEMDÉNÉ

Alors, monsieur le Ministre d'État, ministre de la Promotion Féminine, après mon installation comme responsable de l'organisation de la Journée internationale des Femmes, je me suis mise automatiquement avec mon équipe au travail pour le succès éclatant de la journée. À l'issu de nos différentes réunions, nous avons arrêté le plan d'action dont du côté financier, nous avons besoin de six cent millions pour l'organisation brillante puis réussie de l'évènement.

BÉSANÉ

Waouh ! Vous êtes formidable madame la Présidente ! Votre propos me confirme que ceux qui vous ont primée successivement ne se sont pas trompés de votre talent qui mérite d'être enseigné à travers la nation entière !

KEMDÉNÉ

Vous aimez bien faire des compliments monsieur le Ministre d'État, ministre de la Promotion Féminine !

BÉSANÉ

Pas forcément de compliments bidons, madame la Présidente ! Je ne me réserve pas à encourager, à féliciter puis à être au côté de la personne qui a su parvenir à réaliser des exploits.

KEMDÉNÉ

Parfait !

BÉSANÉ

Alors, madame la Présidente de l'Organisation de la Journée internationale des Femmes !

KEMDÉNÉ

Monsieur le Ministre d'État, ministre de la Promotion Féminine !

BÉSANÉ

Au nom de l'État et au nom du pouvoir qui m'a été confié !

KEMDÉNÉ

Oui, monsieur le Ministre d'État, ministre de la Promotion Féminine !

BÉSANÉ

Recevez *(Kemdéné tend ses deux bras)* dignement le chèque de six cent millions consacré à l'organisation de cette journée spéciale et deux millions, une somme qui constitue un frais de ménage et de vos besoins personnels ainsi que globaux.

KEMDÉNÉ

Monsieur le Ministre d'État, ministre de la Promotion Féminine, je vous déclare haut et fort que je suis celle en qui quand vous placez la confiance, celle-ci se trouve dans une Banque suissesse d'une valeur sécuritaire éternelle.

BÉSANÉ

Madame la Présidente, je me rassure de vous avant vos propos. Car, veuillez à ce que les pagnes soient quantitativement et qualitativement très bien produits, afin qu'il n'y ait pas de pénurie dans nos zones reculées. Je vous exhorte bien plus à ce que cette journée soit meilleure de toutes les fêtes surtout si vous réussissez à produire et mettre à la disposition des femmes les pagnes tant attendus. Aussi madame la Présidente, je vous recommande qu'il ait un logo de qualité qui sert à la production de pagnes. Ce logo doit être composé de six images dont une femme couchée face contre le sol en regardant un homme débout sur elle. Cet homme doit avoir en main un joli gourdin, fixant la femme. Ceci est une forte recommandation venant de mon Ministère qui vous attend à l'exécution.

KEMDÉNÉ

Monsieur le Ministre d'Etat, ministre de la Promotion Féminine, je vous préviens que rien ne sera omis.

SCÈNE IV

KEMDÉNÉ, KEYMADJI, MADJILAR, KEYLAR, KEYMBÈTÉJÉ ET DÉNÉMBÈTÉJÉ

KEMDÉNÉ *(à la réunion du bureau)*

Vu l'engagement de chacune ici présente, vu le débat houleux, riche et fructueux dont nous sommes toutes témoins, vu le dépouillement de substance avantageuse qu'a la gent féminine, vu la précarité féminine, l'oppression, le sous-humanisme soutenu violement par la gent masculine, vu la discrimination de la femme dans les familles, vu le mépris entre femme-femme, la Commission d'Organisation de la Journée internationale des Femmes que j'ai la charge cette année se dote de la mission exceptionnelle, celle de relever le défis quel que soit les turpitudes, les drames, les grincements de dents internes et externes pour que la vie précaire de la femme soit améliorée. Notre lutte se poursuivra afin que la quasi-totalité des structures éducatives, associatives qui accueillent les femmes soient présentables aux yeux du monde en les finançant dans l'intégralité pour leur essor. Nous étendrons notre action au niveau des marchés qui se trouvent face au soleil caniculaire et les endroits insalubres.

KEYLAR

Madame la Présidente, un peu de l'eau dans votre vin ! Pensez aux pagnes quand même pour nous qui sommes là et la classe intouchable ! S'il vous plait, vous allez me dire que madame la Première dame sera à la cérémonie sans la tenue de huit mars ? Madame, n'encouragez pas votre accompagnement au cimetière après cette journée !

KEYMADJI

Madame la Présidente, je prends acte de ce qu'elle vous a dit. C'est très important pour vous car personne n'ignore les réalités de notre monde actuel.

KEYMBÈTÉJÉ

Madame la Présidente, j'observe dans le temps et l'espace, devant ou derrière, en bas et en haut, du nord au sud, de l'est à l'ouest ce qu'elle vous a dit, disons cette journée est à l'époque d'abord et avant tout, les pagnes. La journée est bâtie fortement sur les pagnes. Tout le monde pense en première ligne aux pagnes, au remplissage de leur ventre, aux repas copieux, aux poches bien garnies et avec ce que soi-disant les primes de course avec les cérémonies. Donc, huit mars égal nettement aux pagnes de qualités, aux beautés en vente, aux visages vendant tout cour ; rien ne se discute, rien ne se met en place à zéro comme vous envisagez. Sachez madame la Présidente, que tout se planifie au l'au-delà.

DÉNÉMBÈTÉJÉ

Êtes-vous possédées ? Qui vous avez dit que la journée internationale des Femmes renvoie à vos sentences diaboliques, historiques, claniques et moribondes ? Regardez donc ce que le compteur nous affiche *(elles regardent de gauche à droite, mais ni voient rien)* ! Êtes-vous face aux réalités actuelles mais, vous tâtonnez, vous imaginez comme si les données affichées hier sont semblables à celles d'aujourd'hui.

KEMDÉNÉ

Rien ne sera envisagé pour cette journée en dehors de l'aide accordée à la gent féminine. Ajouté à cela, une petite quantité de pagnes qui servira à la décoration de tous les endroits féminins où nos actions se dérouleront.

SCÈNE V

DJIGAMKITO, KEMDÉNÉ ET AÏCHA

DJIGAMKITO (*au bureau de Kemdéné)*

Madame la Présidente !

KEMDÉNÉ

Monsieur, que puis-je faire pour vous ?

DJIGAMKITO

Suis-je immergé de mes larmes. Chaque année madame la Présidente, je ne m'y retardais pas à acheter les pagnes de huit mars à mon âme sœur. Certes, les années ne sont pas pareilles ! Vu les conjonctures économiques de l'année actuelle que ma famille vit, je ne peux pas assurer ma responsabilité en tant que père de famille à l'égard de ma femme et mes trois filles. Après tant explications probantes à ma femme dans le but de la retenir qu'elle s'abstienne des pagnes de huit mars de cette année, elle m'a toujours tourné le dos. Me voilà avec des blessures sur le corps suite à cette incompréhension. Au fait, de retour très ivre de mes balades, celle-ci m'a roué de coups, je ne sais quoi dire. Actuellement madame la Présidente, quel message avez-vous adressé à l'égard de femmes concernant les pagnes de huit mars ? On peut se procurer des pagnes au moment où notre économie ne peut nous servir ? Ou bien, les pagnes de huit mars peuvent être les causes de violence aux hommes ou conjugales ?

KEMDÉNÉ

Où est-elle votre femme ?

DJIGAMKITO

Nous sommes venus ensemble. Elle est juste devant le bureau.

KEMDÉNÉ

Faites-la venir !

DJIGAMKITO

Merci madame la Présidente ! *(L'appelant)* Aïcha, madame la Présidente a besoin de toi !

KEMDÉNÉ

Assoyez-vous madame !

AÏCHA *(au bureau)*

Je vous en prie madame la Présidente !

KEMDÉNÉ

Je viens d'écouter votre époux. Qu'est-ce qui s'est passé dans votre famille ?

AÏCHA

Madame la Présidente, le monsieur en face de vous est mon livre de vie. Il est un véritable menteur, un irresponsable légalisé puis un homme, flatteur de naissance.

KEMDÉNÉ

Madame, pourquoi tant d'adjectif envers votre époux ?

AÏCHA

Le saviez-vous madame la Présidente ? Ce monsieur m'a trompé à abandonner mes cours à cause des pagnes de huit mars quand j'étais en classe de première.

KEMDÉNÉ

Comment ça madame ! Êtes-vous sérieuse ?

AÏCHA

Pourquoi pas suis-je très sérieuse madame la Présidente ! Au fait, il était resté trois jours pour la fête de huit mars de cette année-là. Étant donné que mon meilleur mec m'a flatté avec les pagnes et que ce monsieur que vous voyez fait partie de mes prétendants, j'acceptai son offre juste pour la circonstance. Profitant de l'acceptation de son cadeau quand bien même je ne l'aimais guère, il a usé de tous les moyens afin que nous puissions sortir à cette occasion. Chose poursuivie, il m'a convaincu en suite en me disant qu'il me fournira régulièrement les pagnes de huit mars en temps réel et tous ce dont j'ai besoin à des circonstances pareilles : je suis son paradis terrestre dit-il ! Poursuivant ses allégations, il me demandait d'abandonner les cours, l'occasion pour lui de poursuivre les siens. Chose faite et je me trouve chez lui aujourd'hui avec cinq enfants dont trois filles et deux garçons. Madame la Présidente, suis-je surprise d'entendre ce monsieur de me dire qu'il n'a pas mon temps, de surcroit, de ne pas m'acheter les pagnes. Je pouvais encore comprendre à mon niveau si je peux supporter cette journée sans les pagnes : ne pas sortir juste pour éviter les critiques et les moqueries des… Donc madame la Présidente, je pose cet acte juste parce que mes trois filles imposent de fêter le huit mars avec les pagnes.

KEMDÉNÉ

Je vous suis avec beaucoup d'intérêt. En plus de cela, ma question est de savoir pourquoi vous le battez que de son retour très ivre ?

AÏCHA

Nettement madame la Présidente, vu sa force et sa capacité physique goûtée, je me dois d'attendre quand il sera ivre du fait qu'il n'aura plus de force dont je vais le maitriser. Et c'est ce qui était fait et j'ai très bien réussi.

KEMDÉNÉ

Je vais écouter votre monsieur avant de donner mes perceptions sur ce sujet. Monsieur Djigamkito !

DJIGAMKITO

Je vous écoute madame la Présidente !

KEMDÉNÉ

Avez-vous entendu votre épouse ?

DJIGAMKITO

Très bien madame la Présidente !

KEMDÉNÉ

Que dites-vous avant que je ne m'exprime !

DJIGAMKITO

Eh bien madame la Présidente, je vaudrais sincèrement m'excuser auprès de vous et également envers ma chère épouse. J'aime à ce que tout ce qui se passe entre elle et moi s'arrête à l'instant et définitivement car, je reprendrai loyalement ma responsabilité. Madame la Présidente, je suis dépouillé de mes sensibilités face à cet acte, si vous acceptez que cela soit ainsi !

KEMDÉNÉ

Monsieur, sachez que je ne suis pas là pour diviser les familles, néanmoins encore de juger qui que ce soit mais pour rétablir plutôt les dysfonctionnements familiaux. Alors, vous avez très bien fait de me présenter le cas présent. D'ailleurs, ce n'est notre principal objectif de sensibiliser les familles sur les biens fondés de cette journée. Avant de me prononcer comme je l'ai tantôt dit, nous écouterons ensemble votre épouse. *(Se tournant vers elle*) Madame Aïcha, votre mari souhaite la parfaite compréhension suite à ce qui s'est produit entre vous sans entrer dans les détails de choses. Que pensez-vous de sa proposition ? Souhaiterez-vous que vous puissiez entrer dans les détails avant d'en trouver les solutions ?

AÏCHA

Madame la Présidente, suite à ses multiples promesses envers moi sans les réaliser et les agissements de mes enfants qui m'amènent à poser ce pareil acte. Je me verrais accepter qu'avec tout cœur le père de mes enfants. Il est l'unique pour moi dans ce monde.

KEMDÉNÉ

Tout à fait madame ! Alors, ce que je vais vous dire n'est juste qu'un mot d'encouragement pour que vous puissiez rendre votre vie de couple heureux compte tenu des données nouvelles que nous affichent les compteurs de l'époque.

DJIGAMKITO

Très d'avis madame la Présidente !

AÏCHA

J'épouse la même idée que mon mari, madame la Présidente !

KEMDÉNÉ

Sincèrement madame Aïcha, votre acte sera sévèrement puni du fait que vous ayez atteint à une vie sacrée. Pareillement à monsieur Djigamkito mais, il a vite compris l'enjeu des faits.

Au fait, il s'est sauvé. Donc, je ne peux vous dire quoi que ce soit du simple fait que je voudrais vous voir jouir de votre engagement de couple. Certes, l'objectif phare de la commission que je dirige cette année ne vise pas les pagnes. Ils sont nuisibles, fades, creux puis sources de violences, de tortures, de désordres, de querelles et socles de la misère familiale. Nous ferons mieux en politique, en économie, en entreprise, à l'école et dans les familles sans fêter ce moment avec les pagnes. Soyez les artisans de la lutte contre le port des pagnes de huit mars, sources de nos malheurs au monde et donc vivez-vous aussi au rythme du temps car, aimez-vous et ne commettez plus ces mêmes cas. Bonne journée à vous !

L'USAGE DE PAGNES

Qui responsabilise une femme de talent, appelle l'innovation
Qui nomme une dame pragmatique, l'altruisme de sens s'installe
Qui aime l'évolution de référence, fera appelle aux femmes sélectives
Celle-ci scrute le temps
Celle-ci observe l'espace
Celle-ci entende l'entourage
Elle compile les avis
Elle recadre sa vision
Elle décide en amour oblatif
L'homme du gros cœur croit en elle en échouant
L'homme de l'individualisme verra sa calebasse se fendre
L'homme de l'expression trompeuse, perdra sa rhétorique
Des données d'hier se dénudent en face d'elle et des collaboratrices
L'intérêt ventral se trouve affamé, se vide d'esprit
Les projets toxiques s'expirent dès son arrivée

TABLEAU II

SCÈNE I

DJIGAMBER, KEMDÉNÉ ET DJÉKORNONDÉ

DJIGAMBER

(À l'entrée du bureau de Kemdéné)

Le protocole du Premier Ministre, Chef du Gouvernement !

KEMDÉNÉ

Le plaisir est pour moi de vous recevoir !

DJIGAMBER

Grande est notre joie de votre accueil très chaleureux !

KEMDÉNÉ

Monsieur le Premier Ministre, Chef du Gouvernement, prenez la peine de vous asseoir !

DJÉKORNONDÉ

Mes sincères remerciements pour votre accueil très cordial !

KEMDÉNÉ

Ce n'est que l'évidence, monsieur le Premier Ministre, Chef du Gouvernement !

DJÉKORNONDÉ

D'accord ! D'accord ! D'accord !

KEMDÉNÉ

Monsieur le Premier Ministre, Chef du Gouvernement, vu l'importance que votre gouvernement accorde aux femmes de ce pays, en mettant à leur disponibilité tous les moyens nécessaires pour la célébration de la journée qui leur est dédiée puis, vu la confiance et le produit filtré que vous placiez et reconnaissiez en moi, je vous rassure que tout est mis sur pied pour le succès éclatant de cette fête. Néanmoins monsieur le Premier Ministre, Chef du Gouvernement, vous auriez sans doute dû me qualifier et pensant qu'une femme est un être éternellement insatisfaite remplie de multiples demandes et de revendications. Certes, il nous manque un point focal, un centre de soulagement des femmes. Ce point est justement le faible taux de la représentation des femmes dans votre Gouvernement.

DJÉKORNONDÉ

Voulez-vous relever le défi des femmes ?

KEMDÉNÉ

Evidemment monsieur le Premier Ministre, Chef du Gouvernement, garant du pouvoir exécutif, êtes-vous surpris de mes propos ? Pourriez-vous prêter votre attention en moi ?

DJÉKORNONDÉ

Je vous écoute !

KEMDÉNÉ

Sur quarante-trois membres que compte votre gouvernement, nous notons deux femmes dont quarante et un membre sont les hommes. Je me demande monsieur le Premier Ministre, Chef du Gouvernement, garant du pouvoir exécutif ! Êtes-vous heureux devant votre petit déjeuner, devant votre repas, à la douche et pendant votre repos ? Si vous me suivez bien monsieur le Premier Ministre, Chef du Gouvernement ! Quelle place accordez-vous à votre mère voire votre femme ? L'avez-vous invitée une fois pour le divertissement, pour les causeries intimes et d'ailleurs, l'aimez-vous vraiment, votre mère ? Si oui, toutes les femmes sont vos mères !

DJÉKORNONDÉ

Madame la Présidente, ne pas aimer sa mère, c'est se rendre quasiment inutile dans toutes vos actions terrestres. C'est au temps de se déshumaniser et même envisager le projet irréalisable puis c'est vouloir mettre l'humanité toute entière dans un camp de concentration. Alors, j'aime mille fois ma mère et toutes celles qui se reconnaissent ma mère.

KEMDÉNÉ

Très bien ! Et donc monsieur le Premier Ministre, quelles sont les œuvres qui témoignent cet amour envers votre mère et celles qui se reconnaissent vos mères ?

DJÉKORNONDÉ

Je … je … je … vraiment ma mère, la Présidente !

KEMDÉNÉ

Fils impitoyable, je vous écoute !

DJÉKORNONDÉ

Alors, moi … je… je dis que… ma mère !

KEMDÉNÉ

Exprimez-vous !

DJÉKORNONDÉ

Pour prouver mon fidèle amour envers toutes mes sœurs de ce pays, j'accorde vingt-cinq pourcent, le taux de la représentation de ces dernières dans mon département.

KEMDÉNÉ

Vous êtes en train de me faire savoir que votre mère vous aime vingt-cinq fois depuis votre naissance ?

DJÉKORNONDÉ

Vous avez trente pourcents !

KEMDÉNÉ

Cher fils, l'évocation du chiffre m'enivre !

DJÉKORNONDÉ

Que la mère comprenne aussi le fils !

KEMDÉNÉ

Quel âge avez-vous ?

DJÉKORNONDÉ

J'ai quarante-six ans !

KEMDÉNÉ (Riant)

Que dites-vous ?

DJÉKORNONDÉ (*Grattant sa tête)*

Oui ! Oui ! Oui ! D'accord, au nom du gouvernement que je dirige, fêtons la représentation de quarante-six pourcent de mes mères dans mon gouvernement.

SCÈNE II

DJIGAMBER, KEMDÉNÉ ET RÉAOUKADJI

DJIGAMBER

À l'entrée, c'est le protocole du Ministre !

KEMDÉNÉ

Que vous soyez la bienvenue !

DJIGAMBER

Le voici arrivé !

KEMDÉNÉ *(au bureau)*

Veuillez prendre place (*lui indiquant de s'asseoir)* monsieur le Ministre d'État, ministre de la Fonction Publique !

RÉOUKADJI

Sans inquiétude !

KEMDÉNÉ

Monsieur le Ministre d'État, ministre de la Fonction Publique, nous vous souhait…

RÉOUKADJI (*l'interrompant)*

Non, non, non, madame la Présidente ! La capacité rhétorique de la personne s'exprime à travers ses actes, ses talents, son visage ainsi que son art oratoire. Et donc, vous n'êtes pas du reste. Certes, ma journée est semblable aux gaz enfermés dans un tube. Ma présence témoigne une forte importance que mon institution vous accorde. Dans cette logique, madame la Présidente, votre correspondance reçue m'a fortement intéressé par rapport à son contenu. Partant de là, mon institution vous octroie un taux de représentation de douze pourcents. J'ose croire que votre initiative intéresserait un bon nombre de personnes s'agissant de ses horizons d'entente. Pour ce qui est de ma part, j'encourage votre créativité.

KEMDÉNÉ

Vous semblez être un responsable prévoyant. Mais, l'œuvre de la prévoyance qui semble se dépouiller totalement de sa pureté, monsieur le Ministre ! Pourriez-vous me donner le chiffre exact du service que la femme vous offre par jour ?

RÉOUKADJI

Impossible madame la Présidente !

KEMDÉNÉ

Pourrais-je vous aider en l'estimant ?

RÉOUKADJI

Vous êtes sur la bonne voie !

KEMDÉNÉ

D'accord ! Je pense que vingt et huit ?

RÉOUKADJI

Non !

KEMDÉNÉ

Trente fois !

RÉOUKADJI

Non !

KEMDÉNÉ

Trente-cinq fois !

RÉOUKADJI

Non et non, et non plus ! C'est sept fois, fois sept ! Donc, tout se dit et s'acceptera sans contestation.

KEMDÉNÉ

Comment ça !

RÉOUKADJI

Pour la bonne cause, je vous annonce solennellement que le Ministère de la Fonction Publique accepte une représentation de femmes à un taux de quarante et quatre pourcents. Cette action est un ouf de soulagement pour la femme d'une part et vise la promotion des femmes valeureuses d'autre part.

KEMDÉNÉ

Monsieur le Ministre d'État, ministre de la Fonction Publique, par ma voix, toutes les femmes de ce pays vous souhaitent longue vie de carrière !

SCÈNE III

DJIGAMBER, KEMDÉNÉ ET DJÉRÖ

DJIGAMBER

À votre attention, une personnalité, un messager ; le protocole du Ministre.

KEMDÉNÉ *(se levant de sa chaise)*

Que votre présence et votre parole se considèrent pleinement accueillies !

DJIGAMBER

Accueillons notre cher Ministre de la Défense Nationale et des anciens combattants.

KEMDÉNÉ *(s'adressant à l'hôte)*

De grâce, veuillez-vous asseoir !

DJÉRÖ

Avec plaisir !

KEMDÉNÉ

Au nom de la commission que je dirige, je vous souhaite la …

DJÉRÖ

Stop *(lui levant la main gauche)* ! La meilleure manière de saluer tout militaire, le rendre à l'aise dans toutes vos rencontres, c'est justement lui exprimer promptement l'objet de votre présence.

KEMDÉNÉ

Sans souci monsieur le Ministre d'État, min…

DJÉRÖ

Non madame la Présidente ! Votre correspondance me souligne la question du très faible taux de la représentation des femmes dans mon Ministère et dont vous souhaiteriez qu'il y ait une amélioration !

KEMDÉNÉ

Exactement !

DJÉRÖ

Je me demande, avez-vous grandi dans ce pays ?

KEMDÉNÉ

La formation de mon fœtus, ma connaissance, mon éducation de base et scolaire, ma vie active, toutes, ce fait ici !

DJÉRÖ

Très bien ! Pour vous répondre, vous êtes loin d'être philanthrope éclairée.

KEMDÉNÉ

Pourquoi ?

DJÉRÖ

Aucune femme ne peut supporter les poids des armes, les pratiques et les techniques du domaine puis les tactiques militaires sauf celles qui possèdent l'endurance, l'idéologie homme, c'est-à-dire naissent femme mais deviennent homme par les faits sociétaux. Là encore, ces dernières sont rares.

KEMDÉNÉ

Vous êtes sérieux ?

DJÉRÖ

Au fait, mon Ministère considère une femme comme un être fait pour le lit, la cuisine, la lessive, la maison, le gardiennage des enfants et des hommes. Pour preuve, il y'a trois pourcents de femmes dans mon département Ministériel. Qu'est ce qui amènerait la femme dans cette institution ?

KEMDÉNÉ

Ouvrez-nous la porte !

DJÉRÖ

Quelle porte ?

KEMDÉNÉ

Celle d'avoir accès à votre établissement sécuritaire.

DJÉRÖ

N'importe quoi ! Tenir l'arme est l'affaire des hommes. L'accès au département sera une fidèle trahison de la Nation. D'ailleurs, depuis la nuit de temps, ce ne sont que les pagnes qui embellissent la femme, pendant cette journée qui lui est dédiée et non se permettre le luxe d'autorisation de discuter avec les plus hautes autorités pour ses conditions précaires.

KEMDÉNÉ

Vous êtes avec moi !

DJÉRÖ

Madame, en ce temps précis et d'habitude, on formule des thèmes, on les débat dans les médias, dans les locaux des femmes et bien d'autre lieux. À la fin de ces débats, on oublie et ainsi de suite. La femme aime la théorie que la pragmatisation. Et c'est sur cette valeur que vous devez suivre. Toutefois, j'apprécie votre idée en vous accordant trente pourcents de la représentation des femmes dans mon Ministère. Madame la Présidente, que la journée vous soit belle !

SCÈNE IV

DJIGAMBER, KEMDÉNÉ ET DJÉNDODÉNÉ

DJIGAMBER

À votre porte, c'est le messager, le protocolaire du Ministre de l'Enseignement National, le Chancelier des Ordres Académiques !

KEMDÉNÉ

La commission d'organisation des festivités de huit mars toute entière et en mon nom propre vous accueille avec plaisir !

DJIGAMBER

Voici venu le Chancelier !

KEMDÉNÉ

Je vous prie de prendre place monsieur le Ministre d'État, ministre de l'Enseignement National, Chancelier des d'Ordres Académiques !

DJÉNDODÉNÉ

Soyez honoré, madame la Présidente !

KEMDÉNÉ

Toute fière, le renommé des Ordres transformateurs et l'inventeur de la société nouvelle !

DJÉNDODÉNÉ

Madame la Présidente, je ne m'y tarde pas à répondre à votre invitation surtout vu la quintessence de votre correspondance.

KEMDÉNÉ

Effectivement monsieur le Chancelier, je profite de cette journée dédiée aux femmes afin de m'entretenir avec vous sur les sujets qui décriminalisent, dévalorisent et mettent à mal les femmes, liés à votre département Ministériel. Avant toutes choses mon renommé Chancelier, puis-je connaitre le pourcentage de la représentation de la femme dans votre institution ?

DJÉNDODÉNÉ

Soyez explicite madame la Présidente !

KEMDÉNÉ

D'accord ! Peut-on savoir le pourcentage des femmes qui travaillent dans votre dit Ministère ?

DJÉNDODÉNÉ

Mon établissement enregistre en son sein un taux de pourcentage encourageant !

KEMDÉNÉ

Pouvons-nous aller en détail ?

DJÉNDODÉNÉ

Je suis de votre côté !

KEMDÉNÉ

Commençons par les délégués régionaux de l'éducation ?

DJÉNDODÉNÉ

Trois et demi de pourcentage !

KEMDÉNÉ

Les inspecteurs départementaux ?

DJÉNDODÉNÉ

Deux et demi !

KEMDÉNÉ

Peut-on encore noter ?

DJÉNDODÉNÉ

Les enseignantes et autres !

KEMDÉNÉ

Elles représentent ?

DJÉNDODÉNÉ

Huit pourcents !

KEMDÉNÉ

Les responsables des institutions de l'enseignement de base ?

DJÉNDODÉNÉ

Deux pourcents.

KEMDÉNÉ

Les responsables des établissements supérieurs à l'exemple des Universités ?

DJÉNDODÉNÉ

Sincèrement madame la Présidente, sans vous mentir, le compteur m'affiche zéro pourcent depuis que je sais lire et écrire dans mon pays. C'est une honte pour la Nation mais aussi un véritable défi à relever de la part du secteur d'enseignement.

KEMDÉNÉ

Globalement !

DJÉNDODÉNÉ

Mon établissement enregistre en son sein une représentation des femmes à un taux de seize pourcents.

KEMDÉNÉ

Ce pourcentage vous dit certainement quelque chose !

DJÉNDODÉNÉ

Rien *(haussant les épaules) !*

KEMDÉNÉ

Parce qu'une femme n'est pas faite pour transmettre le savoir à autrui ?

DJÉNDODÉNÉ

Tout à fait ! Transmettre le savoir ou enseigner les méthodes de savoir à l'individu est tout autre domaine de l'art que l'amour !

KEMDÉNÉ

Je peux comprendre par-là ?

DJÉNDODÉNÉ

Que vous n'êtes pas créées pour faire grandir intellectuellement un être humain mais plutôt pour le satisfaire en amour ! Pour preuve, pourriez-vous jeter un clin d'œil à cette fenêtre (*lui indiquant une des fenêtres qui se trouve juste auprès d'eux*), vous verrez les filles et les femmes qui se trainent nues à la recherche des hommes. Or ceux-ci sont au bureau, en salle, dans les sentiers, exercent dans de différents métiers formels et informels afin de se battre pour subvenir aux besoins de celles qui se vadrouillent comme les termites aillés en période nuptiale.

KEMDÉNÉ

Abomination ! Abomination ! Abomination ! Que le ciel et la terre t'endentent plus de nouveau !

DJÉNDODÉNÉ

Pourquoi alors, madame la Présidente !

KEMDÉNÉ

Nous suivons la même formation, nous avons le même circuit d'idées et le même sang moral qui circulent dans nos veines, le même esprit, le même savoir, l'intelligence et la connaissance. D'ailleurs, la quasi-totalité des meilleurs enseignants que j'ai eus au cours de ma formation étaient les femmes.

DJÉNDODÉNÉ

J'espère que vous êtes en train de défendre votre cause injuste ! Sincèrement, je ne vous crois pas ! Aucune étude scientifique ne m'a certifié votre propos.

KEMDÉNÉ

Je ne sais pas vraiment ! Est-ce qu'un décret présidentiel qui vous a fait Ministre ou le décret billetage ou encore le décret clanique,

DJÉNDODÉNÉ

Rire… ! Vous aurez accès à mon établissement du moment où les congés de maternité et ceux des douleurs d'enfantements prendront fin. Autant que vous êtes à la maison, plus il y'a de graves pertes. Or, l'éducateur est la lumière qui brille sans cesse et perpétuellement. Il est le modulateur de la société, le fabriquant d'Homme, le concepteur d'idéologies de notre monde et le sur-haut. Mais, autant que vous êtes à la maison, plus vos absences en salle pendant une heure engendrent des actes néfastes chez les formés et vos congés en pleines activités paralysent la société éducative. Mon institution vous acceptera quand vous écraserez ce vice.

KEMDÉNÉ

Puis- je poser une question ?

DJÉNDODÉNÉ

Avec plaisir !

KEMDÉNÉ

Connaissez-vous votre tout premier enseignant ?

DJÉNDODÉNÉ

Pourquoi pas ! Vous aussi, voulez-vous m'apprendre quoi alors ? Il est mort il y'a un an et demi !

KEMDÉNÉ

Qui ?

DJÉNDODÉNÉ

Mon maitre de l'école maternelle. Monsieur, monsieur, monsieur, nouh, nouh,nouh !!! Oui, c'est monsieur Dibigué !

KEMDÉNÉ

Noyeur que vous êtes !

DJÉNDODÉNÉ

Alors !

KEMDÉNÉ

Permettez-moi de vous le dire !

DJÉNDODÉNÉ

Allez-y madame !

KEMDÉNÉ

Il n'est rien d'autre que votre maman.

DJÉNDODÉNÉ

À bon !

KEMDÉNÉ

Oui ! Voici comment l'enseignement se dispense par votre maman ! Dans une famille où le père et la mère s'entendent formidablement, il débute par ''BABA'', ''BABA'', ainsi de suite. Et si la tension aux bornes des pôles parentaux ne circule pas convenablement comme il se doit, la mère, source de l'éducation de l'Homme dans le monde transmet la toute première connaissance en ce terme ''MAMAN'', ''MAMAN'' ! Êtes-vous convaincus, monsieur le Ministre ?

DJÉNDODÉNÉ

… *(Il se fait d'idée en regardant tout autour de lui).*

KEMDÉNÉ

Vous entendez ?

DJÉNDODÉNÉ

… *(Ces bras supportent sa tête)*

KEMDÉNÉ

Êtes-vous là ?

DJÉNDODÉNÉ

… *(Ces larmes allaient le noyer comme une mer)*

KEMDÉNÉ

S'il vous plait, monsieur le Chancelier *(voyant que ses larmes coulaient, elle alla à la hâte nettoyer son visage puis la positionna confortablement).*

DJÉNDODÉNÉ

Ma très chère mère madame la Présidente, je vous annonce ma détermination d'accorder quarante et trois pourcents du taux de la représentation des femmes dans mon Ministère : ayez confiance en moi !

KEMDÉNÉ

Avec fierté *(riant aux éclats en claquant ces doigts)* !

SCÈNE V

DJIGAMBER, KEMDÉNÉ ET DJÉKADJIDÉ

DJIGAMBER

L'étoile d'information des faits et celle protocolaire du Ministère d'État, ministre de la Santé Publique au rendez-vous !

KEMDÉNÉ

Que vous soyez honoré de votre présence !

DJIGAMBER

Tout à fait ! Accueillons ensemble le Ministre d'État, ministre de la Santé Publique !

KEMDÉNÉ

Qu'il vous soit pleinement honoré de prendre place !

DJÉKADJIDÉ

Que vous êtes richement bénis madame la Présidente !

KEMDÉNÉ

Ainsi soit-il monsieur le Ministre d'État, ministre de la Santé Publique ! Je voudrais au nom de la commission d'organisation des festivités que je dirige vous félicite de votre présence et qui d'ailleurs, témoigne l'attachement que vous accordez aux femmes. Ainsi donc, monsieur le Ministre d'État, ministre de la Santé Publique, vu la faible représentation des femmes dans votre Ministère, vu la capacité que dispose ces dernières de pouvoir assurer la même responsabilité que l'homme dans les domaines précis, je voudrais que vous releviez le défi en accordant à nous femmes, une place de choix avec un taux de pourcentage satisfaisant.

Monsieur le Ministre, l'intégration massive des femmes dans votre Ministère ne peut se faire vaguement, mais parce que celles-ci sont mûrement capables d'assurer, de servir, d'innover et de prendre en main leur responsabilité vis-vis de leurs concitoyens et concitoyennes.

DJÉKADJIDÉ

Globalement madame la Présidente, à tous les niveaux de mon département Ministériel, les femmes représentent un taux de pourcentage de dix-sept pourcents. Permettez-moi de vous dire madame la Présidente, la santé n'a pas de complaisance ni n'a besoin de sexe faible. Car, confiée la santé de toute une population à un sexe faible, c'est la rendre fragile, précaire, critique et morose. Le pourcentage inscrit déjà par mon institution m'en va mieux.

KEMDÉNÉ

J'espère que vous vous êtes bien réveillé ?

DJÉKADJIDÉ

Très bien réveillé comme d'habitude !

KEMDÉNÉ

Alors, puis-je en savoir quelque chose de votre part ?

DJÉKADJIDÉ

Qu'elle soit la bienvenue !

KEMDÉNÉ

D'accord ! La santé ne se repose-t-elle pas sur un travail scientifique ?

DJÉKADJIDÉ

Evidemment ! Elle se repose exclusivement sur un travail purement scientifique.

KEMDÉNÉ

Très bien ! Partant de là, monsieur le Ministre, avez-vous lu le dernier rapport des chercheurs levant l'ambigüité sur les préjugés qui planent autour de l'état d'esprit scientifique des hommes et des femmes ?

DJÉKADJIDÉ

Pas du tout ! Quelle est la quintessence de ce document ?

KEMDÉNÉ

Selon le document, la gent féminine est forte dans les travaux scientifiques que la gent masculine.

DJÉKADJIDÉ

Quel amalgame ! Ils se sont largement trompés en vous mettant à la tête de cette commission, une menteuse à ciel ouvert !

KEMDÉNÉ

Non ! Je ne vous permets pas cette qualification dégradante !

DJÉKADJIDÉ

Et donc, qu'est ce qui justifie vraiment que vous ne me mentez pas !

KEMDÉNÉ

Tenez *(lui envoie le document)* ! Lisez la page soixante, paragraphe trois.

DJÉKADJIDÉ

(Il prend le document puis ouvre et lis). Il est écrit « *En ce qui concerne l'état d'esprit des hommes et des femmes dans les travaux scientifiques, les femmes sont plus fortes que les hommes, sauf que le pourcentage des femmes ayant ces privilèges sont minoritaires que les hommes. Car, cela est dû à la non scolarisation massive des filles.* » Vous avez tout à fait raison et je retire sans délai mes propos injurieux prononcés à votre égard tout en vous présentant mes sincères excuses.

KEMDÉNÉ

C'est l'homme conscient qui se repent.

DJÉKADJIDÉ

Madame la Présidente !

KEMDÉNÉ

Monsieur le Ministre !

DJÉKADJIDÉ

Vu votre aptitude, vu votre degré de l'état d'esprit, vu votre compétence administrative et la défense intelligible, trente et cinq pourcents est le taux de représentation des femmes dans mon Ministère. Ceci relève de ma part de contribution et de ma participation à la Journée internationale des Femmes.

KEMDÉNÉ

Toutes les femmes et moi-même, sommes reconnaissantes de votre action humanitaire.

L'USAGE DE PAGNES

Je participais au commencement du repas avec ma mère
Je la voyais user de toute sa technicité de nous présenter le repas
Je notais le décor installé pour le repas
A-t-elle transposé sa technique culinaire en administration ?
A-t-elle utilisé le processus du service d'une mère serviable ?
A-t-elle été autorisée comme l'homme en administration ?
Elle patiente
Elle se soumet
Elle écoute et convainc
Mon père conteste son talent culinaire
Mais il a la bonne dégustation à table
Mon père conteste plus, plus il gloutonne
Ma mère le met sur les rails
Ah ! Homme de pouvoir
Ah ! Homme de réflexions, aie pitié de ton acte
Ah ! L'orgueil te nuira
Cette connaissance culinaire ne la servira-t-elle pas ailleurs ?
Cette valeur de fournir la meilleure nourriture à toute la famille
N'aura pas l'impact quelconque ?

Cette obéissance ne signifie-t-elle pas l'ambiance administrative ?
Oui ! Elle servira en politique
Oui ! Son impact changera la société impudique, si elle le veut
Oui ! Elle signifie l'harmonie sociétale
Si elle possède le pouvoir comme l'homme
Si elle peut avoir le monopole de la société comme l'homme
Si elle participe à la prise des décisions avec l'homme
Le terrier du loup et de la vipère deviendront le paradis
Le déchet de la chatte devient du pain à la population
Car, plus de vente de nourriture dans la contrée
La paix trouvera son véritable sens d'emploi
Voyez-vous, voyez votre mère
Voyez-vous, observez votre mère à la cuisine
Voyez-vous, analysez sa technique de vous trouver à manger
Je ne vous invite pas à regarder sans cesse, mais
Faites preuve de maturité et d'analyse des faits sociaux
Je ne vous embrouille pas, vous l'avez déjà observée
Je ne demande pas votre avis, faites selon votre gré
Elle est tout pour changer le monde comme elle a fait à la cuisine
Mais, on la blogue
En éducation,
En économie
En culture
En politique,
En pouvoir d'avis
Elle arrachera de gré ou de force dans les jours à venir
Je suis certain
Attendons donc la cloche

TABLEAU III

SCÈNE I

KEMDÉNÉ, DÉNÉMBETÉJÉ, MADJILAR, KEYLAR, KEYMADJI ET KEYMBÈTÉJÉ

KEMDÉNÉ *(à la réunion)*

Mesdames les membres du bureau de la Commission d'Organisation de la Journée internationale des Femmes, je me réjouis de votre présence qui témoigne la réussite inqualifiable de cette journée. J'ai consacré tout mon temps à recevoir, à discuter, à entendre puis écouter quelques membres du gouvernement que j'estime du secteur clé, saillant et poumon de notre État. Lors de ces assises, j'ai découvert que la forme de l'individu n'est pas son intérieur. Son intérieur ne traduit pas son verve. Son verve n'exprime guère ce qu'a le cœur. Son cœur laisse parfois étendre les idéologies contre cœur ou mieux contre son idéologie.

DÉNÉMBÈTÉJÉ

Cela veut dire ?

KEMDÉNÉ

Que les aspects que nous voyions quotidiennement chez nos fils, nos frères et nos maris ne sont que les inters à y aller à leur école. Leurs opinions sont justes livrées pour nous faire croire que nous sommes leurs semblables, leurs chaires, leurs os et leurs côtes. Mais, je vous assure, c'est le contraire parfois. La rencontre avec les cinq membres du gouvernement me prouve à suffisance que nous sommes des sous-hommes, écartés de développement.

DÉNÉMBÈTÉJÉ

Que faire face à cette situation ?

KEMDÉNÉ

Justement, c'est là la question qu'il fallait se poser et en trouver la réponse sans délai. Pour parvenir, il fallait que nous femmes, nous puissions nous comprendre autour de certaines choses, et certains sujets, d'adopter de comportement humain face à nos désirs, nos réflexions, nos propos, nos actions en temps et lieu sur l'espace.

DÉNÉMBÈTÉJÉ

Que faites-vous pendant ce temps de rencontre ?

KEMDÉNÉ

Je me suis battue en femme-homme tout en étant en communion avec vous afin que les choses aillent mieux. Certains savent qu'ils sont nés de la femme en me prouvant par leurs actions. Ceux-là, je leur tire chapeau. Je leur adresse mes sincères remerciements. D'autres, par contre, oublient d'où ils viennent, par l'intermédiaire de qui, ils sont nés et ont grandi. Ceux-là aussi, quand bien même ils m'ont donné de baiser sachant qu'ils ont corona virus, que Dieu les change. Merci à eux ! Toutefois, j'ai obtenu le résultat satisfaisant s'ils joignent vraiment leurs paroles en actes.

MADJILAR

Pourriez-vous nous prouver l'objet de votre satisfaction ?

KEMDÉNÉ

Eh bien ! Je suis satisfaite en ce sens qu'au niveau du pouvoir exécutif, j'obtiens quarante et six pourcents comme le taux de représentation de la femme, quarante et quatre au Ministère de la Fonction Publique, trente au Ministère de la Défense Nationale, quarante et trois du côté du Ministère de l'Enseignement National et trente-cinq de la part du Ministère de la Santé Publique.

KEYLAR

Madame la Présidente, je ne peux seulement vous féliciter mais, permettez-moi de vous déclarer Moise qui revient femme, pour nous émanciper ! Vous êtes née pour nous sauver. L'émancipation dont chantent les femmes prouve sa lettre de noblesse en cette présente édition de la fête des Femmes et plus encore par rapport à votre présence avec vos actions.

KEYMADJI

Pour moi, l'histoire des pagnes pour cette journée est consumée.

KEYMBÈTÉJÉ

Quoi ? Une femme, c'est d'abord la beauté corporelle et non vos subtilités. Une femme qui ne s'intéresse pas à sa beauté et même pour les autres, c'est celle qui sabote son trésor. Le trésor inépuisable de la femme, son fonds de commerce, le saviez-vous, c'est sa beauté. Négliger sa beauté, ce qui te rend belle, populaire, productive, relationnelle, approchable, serviable, bailleur de fonds, c'est ignorer son premier diplôme *(touchant sa poitrine)* je ne la félicite pas !

SCÈNE II

NÉROLEL ET KEMDÉNÉ

NÉROLEL *(face à Kemdéné au bureau)*

Nous, responsables des différentes Associations féminines de Kemlipe notamment l'Association des filles non scolarisées dirigées par Dédjido, l'Association des Femmes commerçantes du marché Kara pilotée par Dénébélé, l'Association des Femmes rurales de lutte contre l'insuffisance alimentaire administrée par Dénéndon, l'Association des Femmes de lutte contre la santé fragile et de la fistule conduite par Taïdjé, l'Association des Femmes de lutte contre la violence sur le genre cadrée par Falmata, l'Association des Femmes pour la bonne éducation de base que j'ai moi-même l'honneur de recadrer et en fin l'Association des Femmes de lutte contre la pauvreté féminine, réunies et mettant sur pied le Collectif des Associations des Femmes négligées dont j'ai en charge, toutes, venons à tout cœur, vous féliciter et vous encourager pour vos œuvres salvatrices accomplies à notre égard.

KEMDÉNÉ

Ai-je fait quoi à votre endroit ?

NÉROLEL

Madame la Présidente, le Collectif des Associations des Femmes négligées par ma voix trouve en vous sa déesse, son « Moïsette », son Mandela, son Martin Lutter King, vos œuvres réalisées et vous-même, seront gravées dans nos mémoires et resteront en outre immortelles. Votre financement accordé à toutes les Associations des femmes, des filles et celles prenant la catégorie féminine de la République de Kemlipe, à travers sept grandes Associations pour pallier chacune à nos difficultés est bel et bien reçu. Chacune des responsables ayant reçu ce financement en a fait un bon usage. Désormais, nous vivrons comme des êtres humains éduqués, protégés, nourris voire se jouir de notre bon sens citoyen. Madame la Présidente, vous avez stoppé des flammes dans nos divers foyers, nos milieux de loisirs et d'éducation. Certes, nous sommes sans mots face à vos actions en vos faveurs. Nous sommes parfois expulsées des endroits publics du simple fait de notre santé précaire mais, vous êtes médecin sans pareil. Aujourd'hui madame la Présidente, soyez rassurée que vous nous avez dépouillées de tous nos maux. Et donc, que vos œuvres soient continuelles, servent tant d'exemple à celles qui sont manquées de créativités.

KEMDÉNÉ

Ouf ! Ouf ! Ouf ! Madame la Présidente du Collectif des Associations des Femmes négligées, vos propos me vont droit au cœur. Par cet acte, sachez que l'État qui est garant des institutions viendra à votre secours comme tout individu. J'en appelle actuellement à une très bonne responsabilité de ces œuvres réalisées. Madame, que mes sincères salutations soient transmises aux différentes responsables qui ont tenu à leur parole d'aider les autres.

SCÈNE III

KEMDÉNÉ *(à la reunion du bureau)*

Très chères mesdames, les membres du bureau d'organisation de la Journée internationale des Femmes de la nation Kemlipienne ! Je suis une fois de plus très fière de cette rencontre qui a accès sur le compte rendu du financement des Associations féminines de notre pays. Chères collaboratrices, rappelons-nous qu'il y a au total deux mille Associations féminines financées par notre commission de la Journée internationale des Femmes à hauteur de cinq cent quatre-vingt-huit millions, donc notons sept Associations mères qui nous facilitent cette tâche. En tout état de cause, les Associations financées m'ont publiquement présenté leur rapport par le biais du Collectif des Associations des Femmes négligées par l'intermédiaire de leur responsable. Globalement, le montant reçu par chacune des Associations qu'elle soit grande ou petite, dépend de ses besoins assez ou peu, qu'elles ont fait toutes un très bon usage et en sont également fières. Quel que soit notre assistance jugée grande ou petite, nous entendons faire sortir de cette couche vulnérable de leur misère. Je crois que notre mission semble atteinte. Certes, je ne saurais contenir ma joie, l'amour exprimé par ces dernières envers nous.

De toute leur intention, provenant du fonds de leur cœur, elles ont tenu à nous exprimer leur profonde gratitude à travers leur responsable. Recevez leurs vifs encouragements, remerciements puis leurs congratulations ! Leur souhait tant exprimé est que notre bonne œuvre soit poursuivie de tout temps et en tout lieu. Celles-ci se disent sauvées, soignées, nourries, libérées de toutes formes de violences conjugales et de conflits familiaux. Mes chères membres du bureau de la Commission d'Organisation de la Journée internationale, nous sommes qualifiées de moïsette, selon le juste mot de l'expression et de bien d'autres personnes qui, par leurs comportements, leurs actions, leurs attitudes et leurs compétences arrivent à soulager une ou multiples sociétés qui se trouvent dans des conditions précaires. Soyez-en rassurée de leurs reconnaissances exprimées à votre égard.

SCÈNE IV

KEMDÉNÉ ET KEYKOULA

KEMDÉNÉ

(Le bureau de Kemdéné ainsi que les cours des locaux des femmes sont pris d'assaut)
Madame *(au bureau de la présidente)*, que puis-je faire pour vous ?

KEYKOULA

Je suis Keykoula, venant de la localité de Béndoh. J'ai quarante et deux ans. Depuis ma naissance, j'ai entendu parler de la fête de femme de la bouche des gens en disant huit mars, huit mars. Ces personnes me disent également que ce moment est une grande journée de la femme, d'où elles se font acheter de pagnes neufs par leurs hommes pour la circonstance. Moi, j'ai décidé cette année pour fêter l'évènement. Par plusieurs insistances et l'exigence que mon mari a vendu nos deux béliers afin que je me procure de pagnes. D'ailleurs, depuis mon mariage, je n'ai pas l'accès à une distance comme telle. Dieu merci, les pagnes m'ont permis de sortir de ma caserne. Voici mon argent *(lui tend les billets)*, que je me retourne rapidement, mon mari.

KEMDÉNÉ

Madame, êtes-vous sérieuse ?

KEYKOULA

Ah ka ! Je veux simplement les pagnes et faire demi-tour ! Dans ce cas, où est le problème qui vous donnera l'occasion de me questionner ? Ne vivez-vous pas donc avec un homme ? Mes pagnes ! Je veux les pages, c'est tout !

KEMDÉNÉ

Je peux vous accompagner dans votre localité ?

KEYKOULA

À Béndoh ? M'accompagner ! Je refuse madame la Présidente ! Voulez-vous que mon mari me met à mort quand vous serez de retour ? Voici mon argent (lui *tend de nouveau son argent)*, j'en veux les pagnes. Prenez quand même !

KEMDÉNÉ

Madame, je comprends l'objet de votre inquiétude. À votre place, j'aurais ce pareil comportement.

KEYKOULA

Que voulez-vous me dire ? N'est-ce pas vous êtes en train de participer à mon fouet ! Un à un, le temps perdu, l'ennemi aura son bonheur.

KEMDÉNÉ

Le saviez-vous madame, le grand souci de cette Commission d'Organisation de la Journée internationale des Femmes de cette année n'est pas de vous produire les pagnes. Mais de…

KEYKOULA

Quoi ? Abomination ! Abomination ! Abomination !

KEMDÉNÉ

J'espère qu'au sein du foyer, avez-vous l'opportunité de vous exprimer en cas de nécessité ?

KEYKOULA

L'opportunité de m'exprimer ! Cela veut dire ? Maudit-soit plutôt une femme qui exclut la beauté corporelle de sa visée humaine ! Elle aurait été grandie dans les saletés certainement ! En tout cas madame la Présidente, je dois fêter le huit mars cette année, et avec les pagnes, quel que soit vos investigations.

KEMDÉNÉ

Madame, la mission fondamentale de la commission est de sauver les femmes se trouvant dans des états de précarité des faits sociaux. Alors, votre cas sera dès alors inscrit au programme afin de vous aider à retrouver votre valeur.

KEYKOULA

À retrouver ma valeur ! De quelle valeur parlez-vous ? Que feriez-vous pour moi ? Et comment allez-vous procéder ?

KEMDÉNÉ

Avec mon équipe, nous allons-nous en charger donc veuillez attendre le résultat !

KEYKOULA

Comment ?

KEMDÉNÉ

Madame, permettez-moi de vous rappeler que, vous n'êtes pas une prisonnière pour se faire enfermer par votre mari pendant tant d'années ! Il y a la liberté de se jouir de son corps, de se déplacer et d'y revenir. Mais, en vous écoutant, vous vous êtes privées de toutes ces libertés !

KEYKOULA

Non ! Non ! Non ! Ni mon mari ni moi n'a tort. Il n'a fait que respecter la tradition. À ce niveau, je prends acte de son attitude. Je comprends là où vous viendrez. Vous chercherez des voies et moyens pour m'écarter de la fête. Mais dans tous les cas, vous allez-vous charger de l'argent *(abandonnant son argent dans le bureau puis elle la quitte. Mais, elle attend son rappel juste quel que mètres du bureau pensant qu'elle sera appelée).*

SCÈNE V

DÉNÉKOULA ET KEYKOULA

DÉNÉKOULA

Je dis hein madame, je te vois ici pourquoi même ? Que cherches-tu en ce lieu ? Quel vent qui t'amène ?

KEYKOULA

Je me demande pourquoi cette attaque à l'affût ?

DÉNÉKOULA

D'où sors-tu ? Tu sais, les femmes de ta catégorie s'occupent de leur mari et de leurs travaux respectifs à ce moment précis chez elles. Mais toi, tu t'introduis comme une poule au milieu des coqs et voilà la bataille s'éclata, étant donné que ceux-ci vivaient en paix ! Je pense que tu me comprends ?

KEYKOULA

Ma présence ne sera pas la source du malheur de ne pas pouvoir se procurer des pagnes. Écoute donc ceci, tu ne vas rien m'apprendre.

DÉNÉKOULA

Pas seulement ça ! Occupes-toi de tes oignons, c'est-à-dire que tu n'es pas concernée par la fête. Vouloir à tout prix fêter cette journée à ma connaissance, constitue l'une des causes majeures du refus de nous produire les pagnes.

KEYKOULA

Donc, je suis porteuse du malheur !

DÉNÉKOULA

Bien sûr que oui ! Si les festivités sont organisées en ville, je te prie de me laisser jouir de l'opportunité. D'ailleurs, pourquoi t'intéresses-tu à cet évènement ? Je t'apprends que tu n'es pas présentable pour mettre ces pagnes voire se présenter au lieu de la cérémonie. Donc, vas-t-en d'ici !

KEYKOULA

Je ne te permets pas cette qualification et la conception animalière. D'ailleurs même, si tu sais que le huit mars ne me concerne pas et que tu es mieux placée parce que tu es une femme urbaine, tu ne pourras pas m'injurier ou me porter de préjudice de la sorte !

DÉNÉKOULA

Ce qui veut dire ?

KEYKOULA

Tu me semblerais être en retard, c'est-à-dire tu es bête à ma connaissance. Puis qu'une femme consciente, se croit être avancée ne pourra tenir de propos dénigrant envers sa compatriote. Si je suis à ta place, je me réjouirai de t'avoir fait la connaissance, plutôt que de me proférer des incivismes immoraux. Et puis, si j'aurais été à ta place, je te demanderai le véritable motif de nous n'avoir pas nous disposer les pagnes !

DÉNÉKOULA

Je me demande de qui as-tu eu cet enseignement ?

KEYKOULA

Peu importe madame ! Le mieux est que nous nous mettions ensemble pour la réussite de la journée.

DÉNÉKOULA

Moi *(touchant sa poitrine avec la main droite)* ! Je m'en moque éperdument pour des déclarations sottes !

KEYKOULA

Madame, as-tu oublié que nous avons le même statut de femme ?

DÉNÉKOULA

Même statut de femme ! De quel statut de femmes dont tu en parles ?

KEYKOULA

Nous sommes de la gent féminine.

DÉNÉKOULA

Et puis !

KEYKOULA

Ce qui veut dire que nous avons le même sexe, soumises aux hommes au même titre et récoltons les mêmes qualifications. Les conditions de précarité imposées à nous par les hommes, les violences de toute forme, les tortures, les drames et les conflits conjugaux, l'état de sous-homme, nos écartements des causes secrètes, l'interdiction parfois de sortir, le sous-pourcentage de notre représentation dans la fonction publique, et privées ; dans les établissements pénitentiaires, dans les entreprises publiques que privées, dans le domaine politique, social, académique et culturel. Madame, la valeur de huit mars se trouve dans le résultat du parfait contrat de développement participatif entre homme-femme, et non entre le port des pagnes qui induit la violence en la femme.

DÉNÉKOULA

Comment sais-tu cela ? Est-il vrai ce que tu dis ?

KEYKOULA

Devines à ton niveau ! Sais-tu la durée de l'usage de pagnes qui te saoule tant et celle du développement enclenché participativement ?

DÉNÉKOULA *(Se faisant d'idées)*

Je vois, je vois, je... Tu sais madame, mes pagnes de l'année écoulée sont déjà à l'état hors d'usage. Mais, le forage construit en cette même journée par la mairie de la circonscription est toujours fonctionnel.

KEYKOULA

Voilà ! Voilà ! Voilà ... Au fait, nous y sommes arrivées. S'il te plait madame, je peux savoir qui a construit le forage pour vous ?

DÉNÉKOULA

C'est monsieur le Maire de l'arrondissement dans lequel je réside.

KEYKOULA

C'est grâce à ?

DÉNÉKOULA

L'union entre lui et l'Association des Femmes de misère de cet arrondissement.

KEYKOULA

Alors, pourquoi m'écartes-tu ?

DÉNÉKOULA

Tu sais, le préjugé nourrit au degré très croissant rend aveugle. C'est mon cas. Je te demande pardon *(agenouillant puis levant ses bras vers le ciel et dit),* s'il te plaît, je t'en prie ! Allons chez moi, allons chez moi, allons chez moi, allons chez, allons chez, allons, allons, al…

L'USAGE DE PAGNES

Diriger c'est communiquer
Devenir responsable, c'est savoir conduire l'équipe
Diriger l'équipe, c'est savoir l'écouter
Diriger, se communiquer perpétuellement avec l'entourage
L'honneur administratif se perçoit à travers les œuvres réalisées
L'action productive du responsable a droit à ses récompenses
Savoir communiquer, c'est l'art de diriger une communauté
Savoir diriger, c'est être à l'écoute de la communauté
Savoir exécuter son exercice, c'est avoir l'esprit sélectif
Conduire une équipe de femme, c'est charger une calebasse d'eau
Toute femme est semblable à toute une autre
Vivre ensemble et avoir un terrain d'entente
C'est se nourrir de la communication.

TABLEAU IV

SCÈNE I

KEMDÉNÉ ET KEYTAR

KEMDÉNÉ

Que me vaut votre présence ?

KEYTAR

Le motif phare dans lequel s'inscrit ma présence est lié justement à la non disponibilité des pagnes de huit mars. Je ne sais pas madame, depuis la nuit de temps, nous ne sommes pas manquées de pagnes quand vos prédécesseuses organisaient le huit mars. Je me demande madame, c'est plutôt moi qui ne mérite pas d'acheter ou bien ? Et pourtant j'ai l'argent !

KEMDÉNÉ

Madame, je dirige une équipe type qui renverse les tendances et les conceptions anciennes. Je crois bien évidemment que nous avons passé des communiqués de sensibilisation à travers les médias, par les affiches publicitaires et autres moyens de communication pour atteindre largement l'ensemble de femmes. L'objectif visé est de leur dire que tout change, évolue, doit être innové afin que notre époque ait son sens d'être. À ma connaissance, je me félicite de la qualité du message transmis. Mais, votre présence m'inquiète de tout ce que nous avons entrepris comme du travail !

KEYTAR

J'ai entendu et bien suivi vos désordres sans avantage. Loin de là ! Je peux donc avoir les pagnes ou non ?

KEMDÉNÉ

C'est qui est sûr madame, il n'y a pas de pagnes pour le grand public.

KEYTAR

Hallucination, Hallucination, Hallucination ! Aie, aie, aie ! Abomination madame ! Abomination ! Madame la Présidente, pour tourner la page aux tendances et conceptions anciennes, il faut nettement les procédures adaptables dont il faut inscrire la majorité. Sinon, vous êtes une meurtrière pour la communauté. Voici mon argent pour les pagnes *(lui jette les billets d'argent)*, je veux trois étoffes. Par manque de ces pagnes, votre peau me servira !

KEMDÉNÉ

S'il vous plait madame, il n'est pas question d'intimidation verbale, ni du rang social qui importe cette année surtout que je dirige cette Commission d'Organisation de la Journée internationale des Femmes.

KEYTAR

Je vous entends très mal madame la Présidente ! Moi aussi, moi aussi ! Vous aimez tant utiliser ce terme pour vous faire connaitre. Mais, n'allez pas plus vite que ce que votre vie vous destine.

KEMDÉNÉ

Madame, vous demandez du service ou vous…

KEYTAR

Non ! Quand vous êtes novatrice dans un domaine, étudiez les anciens.

KEMDÉNÉ

Je vous apprends que la technique, la vigilance, la prudence de la circonstance des faits aux regards rétrospectifs peuvent mieux construire le vide le plus vite possible que de se consacrer entièrement aux études des anciens. Donc, une novatrice peut valoir l'immense ancienneté.

KEYTAR

Toujours colonisée par les impies !

KEMDÉNÉ

Sortez de mon bureau !

KEYTAR

Rectificatif madame ! Dites plutôt de notre bureau.

KEMDÉNÉ

J'appelle la police ?

KEYTAR

Police !!! Elle est impudique, vous aussi impudique !

KEMDÉNÉ

J'entends ?

KEYTAR

Au-revoir !

SCÈNE II

KEYTAR, KEMTAR ET DÉNÉTAR

KEYTAR

Que faites-vous là ? Qui vous plante en cet endroit ? Toi *(désignant Kemtar*), il n'y a pas le marché pour que la commerçante se trouve présentement là ? Et toi aussi *(indiquant l'enseignante Dénétar),* la journée est chômée, payée et primée ?

KEMTAR

Je t'en prie ! Je me demande, combien coûtent les pagnes cette année ?

DÉNÉTAR

La question que j'allais te poser. L'accès aux pagnes n'est pas comme les années précédentes ?

KEYTAR

Répondez à ma question ! Que faites-vous ici ?

KEMTAR

Méchante femme que tu es !

DÉNÉTAR

N'importe quoi !

KEYTAR

Le rêve du pessimiste sur l'impossible ! Moi encore *(se désigne par la main gauche),* je n'ai pas eu les pagnes et vous vous prétendez l'avoir ?

KEMTAR

Qui es-tu ? Regarde (*lui montre une somme colossale*), je peux me faire propriétaire de cet endroit en plus les pagnes. En termes d'assurance, c'est moi !

DÉNÉTAR

Regardez son comportement ! On dirait une pute marchante à la recherche de ses proies !

KEMTAR

D'ailleurs, toujours enfermée et prisonnière ! Que ces pagnes soient la bienvenue pour l'enterrement de tes fesses dans les chaises. Tu me surprends madame ! Qui peut admirer tes beaux pagnes ? C'est les vendeurs d'ambulance ?

DÉNÉTAR

Très bien ! Une femme bien habillée traumatise en colonisant une masse d'hommes par ses fesses trémoussées. Alors…

KEYTAR

Avez-vous pris hydromel ?

KEMTAR

Non ! C'est toi plutôt ! Nous ne faisons que de te livrer une triste réalité.

DÉNÉTAR

Exactement !

KEYTAR

Écoutez-moi les chasseuses à l'affût ! N'avez-vous pas honte de vous faire acheter des pagnes de huit mars par les hommes et ceux-ci décident votre sort tragique par la suite ? Plus, l'homme vous paie les pagnes de huit mars, plus vous devenez miraculeusement bel ange, plus il vous déchiquète.

KEMTAR

Tu déraisonnes madame !

KEYTAR

Selon toi ! Sinon les endroits comme les marchés et les structures éducatives renferment d'innombrables hommes qui observent dans les pagnes de huit mars à travers vos démarches. Ils vous envient par les échos de vos fesses qui subissent le séisme à chaque seconde, minute, heure… Plus ils vous envient, plus votre sort est fatal.

DÉNÉTAR

Quoi ? Stop à la moralisation madame ! Nous ne sommes que tes clients. L'absence du bureau ne vous signifierait pas de moralisation.

KEMTAR

S'il vous plait, je vois autre chose. Si nous pouvons nous comprendre à ce moment précis afin que nous puissions rencontrer le comité pour la causerie sincère que de se quereller ! Je préfèrerais que Dénétar nous représente.

KEYTAR

J'approuve cette pensée madame !

SCÈNE III

DÉNÉTAR, KEYMADJI, MADJILAR, KEYLAR, KEYMBÈTÉJÉ ET DÉNÉMBÈTÉJÉ

DÉNÉTAR

(Elle fait face aux cinq membres du bureau) Dans la vie, il faut exprimer tes idées jugées avantageuses aux personnes pouvant te les concrétiser. Certes, nous, les femmes aisées notamment Kemtar, Keytar et moi, félicitons vos multiples actions m…

KEYLAR

Stop ! Exprimez vos besoins qui justifient votre présence en cet endroit.

DÉNÉTAR

Nous voulons les pagnes et à l'immédiat !

KEYMADJI

Foutaise des foutaises !

DÉNÉMBÈTÉJÉ

Nous repartons à la case départ !

MADJILAR

Oh là là !

KEYMBÈTÉJÉ

Elles ont raison !

DÉNÉTAR

Fêter la Journée internationale des Femmes sans les pagnes, c'est autant de préparer de repas sans les condiments divers surtout qu'il n'y a pas aussi du sel !

KEYMADJI

Voilà des nouveautés *(elle tend sa main droite vers Dénétar)* !

DÉNÉMBÈTÉJÉ

Quelle nouveauté ! Nous étions d'avis et convaincues avec madame la Présidente !

KEYLAR

Oui mais la nécessité nous exige, madame !

DÉNÉMBÈTÉJÉ

Quelle nécessité ?

DÉNÉTAR

Suivez-nous attentivement madame Dénémbètéjé. Les pagnes de huit mars me raffinent, me purifient du l'amour conjugal, augmentent mon grade d'amour envers mon trésor, stimulant de mes sentiments … Ajoutez à cela, ils me font fréquenter les dignes bars, les hôtels, les buvettes, les cabarets, les dignes édifices de cette terre Kemlipienne. Outre madame…

KEYMADJI

Nous avons pris bonne note !

DÉNÉTAR

Il nous faut !

KEYMADJI

Qu'il pleut ou qu'il neige, nous festoierons avec les pagnes.

DÉNÉMBÈTÉJÉ

Avec quels moyens aurez-vous l'accès aux pagnes ?

DÉNÉTAR

Avez-vous déjà dilapidé toute la somme ?

DÉNÉMBÈTÉJÉ

Dilapidé ! Cinq cent quatre-vingt-dix quelques millions ont permis la réalisation des importantes structures sanitaires et éducatives, des lieux de loisirs et plusieurs marchés en vue de rendre toutes les femmes à l'aise. Tout le monde était témoin. Nous notons d'autres inédits par çà et là. Voulez-vous qu'elle trouve de moyen par quelle alchimie afin de vous produire les pagnes ?

KEYMADJI

Je m'en moque !

DÉNÉMBÈTÉJÉ

Comment alors !

KEYMADJI

Nous avons certes eu le bilan de toutes les réalisations !

DÉNÉMBÈTÉJÉ

Et alors !

KEYMADJI

La somme d'argent serait restée entre un à deux millions quelques chez elle. En plus de cette somme d'argent, le Ministre lui avait donné quelques sommes pour son compte personnel.

DÉNÉTAR

Alors, pourquoi les départagés ? Pour ne pas qu'il ait d'autres explications, produisez-nous simplement les pagnes, même si le prix sera exorbitant.

DÉNÉMBÈTÉJÉ

Jésus-Marie-Césaire-Senghor-Ghandi-Beauvoir-Beti-Naïndouba- Tuer les plus démunies de notre société *(elle tomba au moment que cette parole jaillissait en elle)* !

DÉNÉTAR

Même si elle meurt, mettez à notre disposition avant tout, les pagnes.

KEYLAR

Nous ne pouvons pas nous éterniser en ce lieu pour des redites certes son adjointe portera notre message à sa connaissance en espérant aux résultats positifs.

KEYMBÈTÉJÉ

L'essentiel étant dit !

MADJILAR

Attendons-nous donc !

SCÈNE IV

KEYMADJI ET KEMDÉNÉ

KEYMADJI

Madame la Présidente, le sourd d'oreille que vous faites-vous exposera à la tragédie souillant.

KEMDÉNÉ

Qu'est-ce qui expliquent vos propos assez étranges ?

KEYMADJI

Je ressens en vous dès notre première rencontre une vraie mère, une chéfesse de famille, une décideuse et l'infatigable professionnelle de la société. Et puis…

KEMDÉNÉ

J'en sais mieux madame ! Soyez directe !

KEYMADJI

Du nouveau-né au dernier trépassé, du nouveau venant au tout dernier partant, de la jeune femme à la vieille, de l'alpha au l'oméga, de la zone rurale jusqu'aux celles urbaines, du sous-chef aux plus hauts, du pays sous-développé à celui développé, je… je vous livre les messages qui circulent soi-disant que nous n'avons rien fait pour le succès de la Journée internationale des Femmes.

KEMDÉNÉ

Et puis !

KEYMADJI

Toutes les femmes de ce pays réclament ardemment que nous leur disposons les pagnes et sans délai.

KEMDÉNÉ

Sinon !

KEYMADJI

Nous communiquerons avec nos supérieurs par le biais de nos téléphones sans fibres optiques, ni puce, ni batterie, ni unité de permission joignable ne disent-elles !

KEMDÉNÉ

L'erreur est humaine, ma chère ! Mais l'évidence exige qu'il faille étudier la nature de cette erreur avant sa qualification. Madame, l'homme qui déstabilise son semblable regrette bien plus que le déstabilisant. Même s'il nous emmène à gérer nos affaires avec nos propres dents, notre participation actuelle en faveur des femmes sera gravée à jamais dans la mémoire des filles et fils de ce pays.

KEYMADJI

Vous dites certes ! Quel sera l'avenir de nos enfants.

KEMDÉNÉ

Une pensée particulière à ce niveau évidemment, oui ! La nature est loin de toute ingratitude en étant au contrôle de tout ce qui vit en elle. Ne voyez-vous pas les oiseaux qui vivent au ciel ? Ni salaire, ni eau, ni nourriture et j'en passe !

KEYMADJI

De grâce madame la Présidente !

KEMDÉNÉ

Quand le vin est tiré, n'ayons pas peur de le boire ! Ce que je dis, c'est ce qui doit être fait et réalisé : il n'y a pas de moyens financiers pour la commande des pagnes. Nous sommes toutes convaincues en ce lieu-même.

KEYMADJI

Votre compte est renforcé par le Ministre avec quelques millions et même le peu de notre financement. J'estime que tout cela fera le sourire surtout que ces femmes affirment la volonté d'acheter les pagnes quel que soit leur prix au marché.

KEMDÉNÉ

Écoutez-moi pour la dernière fois au sujet des pagnes, madame ! Il n'y a pas de pagnes en cette présente édition de la Journée internationale des Femmes de la nation kemlipienne. Si un bienfaiteur nous vienne à l'aide avec une importante somme que ça soit, vous ne verrez toujours pas les pagnes comme vous désirez. Sauf les échantillons prévus pour la décoration de tous les lieux et dans toutes les structures où la femme œuvre.

KEYMADJI

J'accuse votre éducation quel que soit ses formes.

KEMDÉNÉ

C'est bien, je ne suis pas la seule.

SCÈNE V

DJIGAMBER, KEMDÉNÉ ET BÉSANÉ

DJIGAMBER

Protocole du Ministre !

KEMDÉNÉ

Heureuse de vous revoir, monsieur le Ministre d'État, ministre de la Promotion Féminine, soyez la bienvenue !

BÉSANÉ

Grandiose est ma joie en se revoyant face à face !

KEMDÉNÉ

Pareillement de mon côté, l'innovatrice des actions féminines !

BÉSANÉ

Ah oui, ah oui, ah oui ! Je l'ai fait parce que vous le méritez bien plus que le présent acte !

KEMDÉNÉ

J'adore, monsieur le Ministre aux actions pragmatiques.

BÉSANÉ

Euh, euh, euh, madame la Présidente !

KEMDÉNÉ

L'incontournable Ministre !

BÉSANÉ *(visite du travail)*

Où en êtes-vous avec les préparatifs ?

KEMDÉNÉ *(toute souriante)*

Merci monsieur le Ministre, l'infatigable homme d'État, sauveur des femmes, j'aurais aimé louer sincèrement votre attention accordée, particulièrement à la gent féminine par rapport à vos actions de grande envergure, menées pour la Journée internationale des Femmes de cette année. Il y a bel et bien des avancées significatives, concrètes puis probantes à tous les niveaux, cher homme d'État. Comme il est de coutume et surtout à ne pas éviter en ce qui concerne les pagnes, nous avons saisi l'entreprise, « *La tendance renversée* » de la place afin de nous produire les pagnes, en quantité assez massive pour l'évènement.

BÉSANÉ

Prouvez-moi autrement, sinon les rumeurs circulent soi-disant qu'il n'y aurait pas les pagnes pour cette édition !

KEMDÉNÉ

Les rumeurs !!! Oui ! Bien évidemment, monsieur le Ministre ! Toute œuvre humaine qui révèle du caractère sociétal et qui aidera puis marquera du doigt les maux de la société, doit drainer les rumeurs. Ce n'est pas là le problème, m'aviez-vous confiée la responsabilité ou aux gens de rumeurs ?

BÉSANÉ

C'est vous, madame !

KEMDÉNÉ

Et alors, attendez à me juger de ce qui sortira de moi-même, monsieur le Ministre !

BÉSANÉ

Je ne me suis pas trompé de votre choix !

KEMDÉNÉ

Vous au moins, vous visez la compétence. Et donc, l'incontournable membre du gouvernement, notre objectif filigrane est de faire en sorte que toutes les femmes de ce pays aient l'accès aux pagnes de cette édition.

BÉSANÉ

Action réussie *(il fait bouger son pouce pour la féliciter)* !

KEMDÉNÉ

Et à bas prix !

BÉSANÉ

J'imaginais que vous serez comptées parmi les meilleures femmes travailleuses de notre pays d'ailleurs, en première ligne !

KEMDÉNÉ

Pour son acheminement dans toutes les villes, localités et les coins les plus reculés du pays, nous avons gagné le pari bien évidemment à travers les sept grandes Associations féminines qui nous avouent de procéder avec toute transparence aux ventes. L'ennemi à terrasser, c'est justement mettre fin aux attroupements, des agglomérations, des tracasseries que subissent les femmes dans les lieux de vente.

BÉSANÉ

Certes !

KEMDÉNÉ

Monsieur le Ministre d'État, doyen des actions féminines, nous entendons aussi traquer les commerçants véreux, profitant des telles affaires pour s'enrichir. Les insultes, les injures, les va-et-vient des femmes dans tous les locaux de vente à travers le pays, la gestion malhonnête des revenus de ce produit sera totalement à notre contrôle.

BÉSANÉ

La visée est correcte !

KEMDÉNÉ

Nous nous organisons de telle enseigne qu'il n'y ait pas cette année la gestion calamiteuse de fonds alloués à cette fin.

BÉSANÉ

Au risque de me tromper, je vois à l'œil nu le succès parfait de cette fête dans notre pays au moins pour la première fois !

KEMDÉNÉ

Certainement !

BÉSANÉ

Madame la Présidente !

KEMDÉNÉ

L'incontournable homme d'État !

BÉSANÉ

Je vous annonce dès à présent que la prochaine édition, l'honneur sera à vous sans contestation pour sa gestion, vu votre expertise prêtée à l'endroit de notre société.

KEMDÉNÉ

Je vous saurai gré, l'apôtre des femmes. Et donc, monsieur le Ministre d'État, ministre de la Promotion Féminine, nous vous portons à l'honneur en …

BÉSANÉ

Faisant quoi *(tout souriant, il déclare que celle-ci est une exceptionnelle dame)* ?

KEMDÉNÉ

Très cordialement en introduisant votre frappante photo dans notre logo qui servira à la production de pagnes de la Journée internationale des Femmes, édition Défi révélé.

BÉSANÉ *(secouant sa tête)*

Je ne sais quoi dire madame la Présidente !

KEMDÉNÉ

Evidemment ! Dans la vie, tout coule par le biais de la créativité.

BÉSANÉ

Disons-nous oui ! Madame la Présidente !

KEMDÉNÉ

Solutionneur des actions féminines !

BÉSANÉ

En vous écoutant par rapport à vos démarches pouvant aboutir à la réussite de cet évènement, il n'est plus question que vous énumériez d'autres plans d'action du fait que la journée aurait gagné à ma connaissance. Alors, l'un de points que je vais attirer votre attention dessus et qui constitue l'objet de ma visite est déjà très clair. Donc, savez-vous madame la Présidente, un État digne de nos jours, c'est celui qui a su bien subventionner la Journée internationale des Femmes de son pays. À ce niveau, la journée trouve son sens d'être dans la production des pagnes et très massive aux femmes et son port par celles-ci. La faillite de l'État de ne pas produire les pagnes rend l'évènement handicap ont et insensé.

KEMDÉNÉ

Vous avez touché du doigt ce qu'il fallait !

BÉSANÉ

Donc, que la production ou la commande soit de taille et que la distribution soit au respect des normes.

KEMDÉNÉ

Tout ce qui est dit me va droit au cœur.

BÉSANÉ

J'en serai reconnaissant pour son exécution !

KEMDÉNÉ

Moi aussi avec complaisance !

L'USAGE DE PAGNES

Transformer la société, c'est se transformer soi-même d'abord.
Transformer l'entourage, c'est savoir toucher leur bon sens
Transformer l'individu, c'est faire face aux incroyables faits
Que votre non soit non, qu'il le demeure pour toujours
Que votre oui soit oui, qu'il s'inscrive pour toujours
Que le non n'endommage pas le oui et vice versa
Mentir en sauvant l'homme, votre mensonge est Saint
Mentir sans l'avantage de masse peuple, c'est antisocial
Mentir pour l'intérêt des peuples délaissés, vous êtes bénis

TABLEAU V

SCÈNE I

DÉNÉTAR, KEYMADJI, KEYTAR, DÉNÉMBÈTÉJÉ, KEMTAR ET KEYLAR.

DÉNÉTAR

(Les femmes aisées bloquent toutes les entrées des locaux des femmes suite à non satisfaction de leur revendication) Madame, personne n'entre si les pages ne nous ont pas disposés à l'instant !

KEYMADJI

Quoi ?

DÉNÉTAR

Nulle n'entre ici si les pages seront conçus uniquement pour décorer les places publiques de femmes. C'est une décision venant des femmes aisées.

KEYMADJI

Pourquoi cet impudique comportement !

DÉNÉTAR

Oui ! D'après toi ! Mais toute entrée est formellement interdite. Elle est possible du moment où nous aurons des pagnes de huit mars.

KEYTAR

Madame, je pense que cette déclaration est claire et irréversible.

DÉNÉTAR

Oui ! Oui ! Oui *(prononçant cette parole toute en secouant sa tête et balançant ses bras)* !

DÉNÉMBÈTÉJÉ

C'est quoi pour vous ! Devinez-vous !

KEYMADJI

Folles à cause de non disponibilité de pagnes de huit mars ?

DÉNÉMBÈTÉJÉ

Seulement hein !

KEMTAR

Que dis-tu ? Qu'est-ce que tu traites de seulement ?

DÉNÉTAR

Waï heiiiiiiiiiiiiii …………………..

KEYMADJI

La pureté de huit mars se trouve dans…

KEMTAR

Le port des pagnes par les femmes.

DÉNÉMBÈTÉJÉ

Plutôt sa nocuité que vous m'en parlez madame !

KEMTAR

Es-tu normale ?

KEYMADJI

Cette question devrait plutôt t'adresser !

KEYTAR

Pourquoi ? Ne nous dévalorisons pas hein !

DÉNÉTAR

Aujourd'hui, c'est aujourd'hui ! Pas de pagnes à l'immédiat, il n'y a pas aussi d'entrer pour le boulot et la cérémonie tant attendue !

DÉNÉMBÈTÉJÉ

Ce que tu dis me prouve à suffisance que tu es issue du produit immature. L'immaturité de ta provenance se nage, se baigne, se loge et se trempe dans les excréments alcooliques. Elle est même de temps daté. Madame, reflétez l'image de votre époque et vos états corporels ! Soyez matures comme une femme du vingt et unième siècle ! De grâce, n'attachez-vous pas aux choses éphémères ! Prouvez-nous que vous êtes aussi responsables d'une famille où vos enfants ont besoin de vous afin de ne jamais errer comme je suis en train de constater dans les rues de nos jours.

KEMTAR

Madame, je ne te comprends pas du tout ! Tu parles de qui ou desquelles ?

DÉNÉMBÈTÉJÉ

La raison fait son bonhomme de faillibilisme. Certes, n'est-ce pas votre sens de raisonnante, de conscience et de valeur humaine dont l'inviolabilité sera votre combat perpétuel ?

DÉNÉTAR *(Elle se pose la question)*

Attendez ! Celle-ci mérite qu'elle sorte de traitement ?

KEYTAR

Le déchiquetage corporel !

KEMTAR

(Au moment où elle ne termine pas encore à exprimer son opinion, cette dernière se voit baigner de coups mortels provenant de Noura) Kam, kam, kam !!! Rututudu !!! Kam, kam, kam, koum !

KEYTAR

(Elle encourage aussi ses co-équipières)

Visez sa tête, visez sa tête, visez sa tête ! Visez !!!!!!!

DÉNÉTAR

Mieux son cou, allez-y ! Je dis mieux son cou ! Visez ! Visez ! Visez !!!

KEYMADJI

Ah non ! Ah non ! Ah non ! Pas ça ! Pas du tout ! Ceci ne doit pas se passer chez nous ! Non à la violence ! Ce n'est pas nous qui introduisons ce système !

DÉNÉTAR

Dites-nous donc qui est ce qui planifie tout ceci ? C'est qui ?

KEYLAR

Notre Présidente ! C'est elle qui a tout changé le système introduit avant notre naissance ! Laissez-nous ! Tout se renverse quand elle a tenu les rênes de cette édition.

KEMTAR

Quelle est la raison principale de son idéologie ? Une femme peut-elle saboter l'habillement ? Cette immoralité la conduirait forcément à la négligence de sa beauté ! Et donc, où se trouve la valeur de son premier diplôme ? La beauté de la femme est son premier diplôme ! Mais celle-ci…

KEYLAR *(criant)*

Ma tête ! Oh, ma tête, ma gorge, mon cou ! Sauvez-moi !

KEMTAR

Tu n'as pas encore répondu à notre question.

KEYLAR

C'est que ! C'est ce que je …c'est que je… Elle nous dit que l'inutilité et l'insensibilité de la Journée internationale des Femmes se trouve dans la focalisation de la confection massive des pagnes et leur port par des femmes en n'ayant exclu les principaux maux qui les gangrènent. Selon lui, elle entend lui redonner sa crédibilité en s'intéressant aux sujets qui minent ces dernières et la sacralisent.

DÉNÉTAR

Stop !

KEMTAR

Qu'est-ce qu'on attend ! Elle mérite la mort !

KEYTAR

Je vois qu'elle nous qualifie à des insensées certainement !

DÉNÉTAR

Evidemment ! Donc, allons jusqu'au bout !

KEMTAR

Oui ! Oui ! Oui !!! Dénétar !

DÉNÉTAR

Oui !

KEMTAR

Keytar !

KEYTAR

Oui !

KEMTAR

Elle a cassé sa pipe !

DÉNÉTAR

(Ses deux bras à sa tête puis criant)

Iiiiiich ! Quittons cet endroit !

KEMTAR

Vous l'avez tué *(les désignant)* ! Vous, vous l'avez tuée ! Alors, responsabilisez-vous !

SCÈNE II

KEYMADJI, KEYLAR ET KEMDÉNÉ

KEYMADJI

(Retrouvant peu de conscience, elle se rappelle de ses collaboratrices. De ce fait, elle se voyait elle-même au sol) Dénémbètéjé, Dénémbètéjé, Dénémbètéjé !!! Ouf ! Je me trouve où ? Certainement ma situation est inquiétante ! Dénémbètéjé, Dénémbètéjé !!! C'est quoi même ? Keylar, Keylar, key…lar…

KEYLAR

Oui !!! Oui !!! Oui !!!!!!

KEYLAR

Où se trouve Dénémbètéjé ?

KEYLAR

Non ! Non ! Non ! Je n'en sais rien ! J'en sais du tout rien ! Mais ?

KEYMADJI

Quoi ?

KEYLAR

J'ai vu quelqu'un coucher sauvagement là-bas !

KEYMADJI

Là, elle est sans doute assassinée !

KEMDÉNÉ

(Pendant que celles-ci se demandent quelle est leur situation sanitaire après la bagarre rangée, c'est en ce temps précis qu'arriva Kemdéné au milieu d'elles) Qu'est ce qui s'est passé concrètement ? Et vous vous êtes couchées ? Pire encore voyons la manière dans laquelle Dénémbètéjé se couche ? Dites-moi quelque chose !

KEYMADJI (*Toujours au sol)*

Nous nous sommes battues !

KEMDÉNÉ

Avec lesquelles ?

KEYMADJI

Tout à l'heure, il y'a le groupe de femmes aisées qui était là ! Celles qui venaient nous voir la fois passée, introduisant la requête revendiquant les pagnes de huit mars. Le groupe est constitué de Kemtar, de Keytar et de Dénétar.

KEMDÉNÉ

Comment cela s'est-il déroulé ?

KEYMADJI

Elles étaient là du moment où je suis venue. À peine de leur poser la question, Keylar venait ainsi que Dénémbètéjé !

KEMDÉNÉ

D'accord ! Mais cherchons à nous renseigner de l'état de santé des deux autres d'abord !

KEYMADJI

Effectivement mais Dénémbètéjé est morte !

KEMDÉNÉ (*lui toucha*)

Quoi ? C'est nettement vrai ! Réexplique-moi !

KEYMADJI

Étant là, elles interdisent toute entrée au sein des édifices. Selon elles, l'entrée est possible du moment où nous leur disposons les pagnes à l'immédiat. Elles nous rétorquent en disant encore que '' *La pureté de huit mars se trouve dans l'acquisition et le port de pagnes. Sans ces pagnes, la journée est impure, diabolique et neutre en se dépouillant de toute sa saveur ''.*

KEMDÉNÉ

Elles ont cogné sur mes boutons rouges, véritablement elles sont très mal tombées.

KEYMADJI

Que feriez-vous avec elles ? Nous leur situons sur les biens fondés de l'innovation que vous apportez mais, elles ont totalement négligé et ce sont les coups de fouets qui nous répondent.

SCÈNE III

KEMDÉNÉ, KEMTAR, DÉNÉTAR ET NÉROLEL

KEMDÉNÉ

(Elle discourt à la tribune pendant la cérémonie tant attendue : le huit mars)

Vu l'urgence des faits sociaux, vu la confiance placée en nous par les plus hautes autorités en nous confiant cette édition *(la cérémonie est très peu mouvementée)*, je me dois sincèrement à les remercier plus que jamais. (*Toutes les corporations des autorités de la place prenne place)* Je voudrais vous faire la rétrospective de la condition des femmes dans le monde avant de souligner celle de notre pays suivant les biens faits de cette édition.

KEMTAR

Elle veut nous éterniser certainement ici ! C'est celle qu'on devrait normalement l'atteindre ce matin !

KEMDÉNÉ

Mesdames et messieurs, la femme du vingt et unième siècle grince les dents, piétine la braise, suce l'acide mortel, se nourrit de piment, de fer, de ciment, de gravier, du sang souillé, de produit toxique puis sa vie familiale se dégrade de jour en jour parce qu'elle est de sexe faible, une femme !

DÉNÉTAR

Elle parle de quelle femme au juste, moi ? Non plus ! Je ne me suis jamais nourrie du sang souillé, même pas une fois de tout de ce qu'elle raconte !

KEMDÉNÉ

Du fait que l'homme la considère comme un être fait à moitié et la refuse de lui confier la tâche de diriger les grandes institutions au monde à titre d'exemple l'O.N. U qui n'a jusqu'à là été administrée par une femme. Suivant cette logique, …

DÉNÉTAR

Le rêve est permis dit-on. Mais pour elle, parler de l'O.N. U, vraiment, je ne sais quoi dire ! Nous t'avons ratée, mais cette fois-ci, tu auras ce que tu cherches.

KEMDÉNÉ

Tous les pays ayant le droit de véto, s'alignant logiquement très gauche derrière cette histoire funeste aux femmes, y demeurent ainsi. Partant dans cette même lancée, n'en parlons pas des pays membres de cette institution. Pire encore, le cas de notre pays est donc un secret réservé exclusivement aux initiés du premier ordre.

KEMTAR

Une des dangers de la société !

KEMDÉNÉ

La violence des genres sous toutes ses formes, les assassinats, le manque de la structure éducative de qualités, le système sanitaire, alimentaire, culturel et sportif, le refus de financier les projets des femmes dont j'en passe sont les réels faits sociétaux qui minent dangereusement les femmes dont l'homme en fait sourd-oreille.

DÉNÉTAR

Elle raconte même quoi là-bas ?

KEMDÉNÉ

Et donc, l'édition de huit mars de cette année dont j'ai personnellement l'honneur de conduire a été mille fois subversive, bénéfique que mortelle. En ce sens, il est lieu de dire haut et fort que la femme est capable de tous et toutes. Si elle a donné naissance à un être capable de tout faire, elle aussi, elle est capable dans la mesure du possible de réaliser l'impossible. Elle peut assurer d'innombrables tâches, comme certaines l'ont fait notamment Ellen Johnson Sirleaf... et avoir le franc parler comme Rosine Amane Djibergui... Mais, il nous manque la confiance de l'homme.

DÉNÉTAR

De quelle confiance parle-t-on ? L'homme a sans inquiétude la confiance en femme. Moi *(se désignant),* mon mari a totalement confiance envers moi ! Par exemple pour cette fête que tu as noircie, mon mari m'a donné une cinquantaine de somme d'argent pour mes pagnes et trente mille francs CFA pour mes deux filles. Donc, que devrai-je attendre de mon mari ? C'est l'essentiel !

KEMDÉNÉ

Toutefois, l'édition de cette année s'arrange à être bénéfique comme je le disais, a permis une représentation de quarante et six pourcent au Gouvernement d'une manière générale, quarante et quatre du côté de la Défense Nationale et de Sécurité, quarante puis trente au niveau du Ministère de l'Enseignements en général et trente et cinq de la Santé Publique. Nous nous réjouissons pour la confiance que nous avons été l'objet, dont je rassure ces derniers qu'ils ne seront pas déçus. Cher-e-s invité-e-s, la question de pagnes devenant très virulente, mortelle puis pandémique quant à la célébration de la Journée internationale des Femmes dans le monde et plus particulièrement dans notre pays. Mais sachez que l'inutilité, la désacralisation puis l'immoralité de la Journée internationale des Femmes se perçoit dans la disposition massive des pagnes pour nous femmes.

DÉNÉTAR

Cette dame est folle !

KEMDÉNÉ

L'émancipation de la femme dont on chante, nous femmes, est aveugle, vide de sens puis démoralisante quand une femme fête le huit mars en se focalisant totalement sur les pagnes qui l'exposent aux criminalités, insuffisants des hommes.

KEMTAR

D'après toi, oui ! Quelle abomination à l'égard des hommes !

KEMDÉNÉ

Elle n'a de sens du moment où celle-ci se concentre à l'occasion pour se pencher sur des maux qui la déshumanisent. Mais le contexte de cette journée est très mal compris, y s'ajoute également notre méthode d'organisation de cette édition. Certes, quelques fêtards nous mènent une vie très difficile en mettant à mort ce matin même une de nos collaboratrices, en la personne de Dénémbètéjé.

DÉNÉTAR

Moi fêtarde ? Tu verras ! D'ailleurs, …

NÉROLEL

C'est quoi pour vous même ici exactement ! Je vous entends il y a de cela quelques minutes, ne voulez-vous pas cesser ? La dame là-haut *(la pointant du doigt)*, il n'y a pas celle de même cœur dans ce pays !

KEMTAR

Alliée sans analyse des situations que rencontrent des femmes ! Vous les pareilles méchantes ! L'homme n'aime pas observer une femme sale à sa rencontre. Les pagnes de huit mars affectionnent un milliard d'appétit à tout homme si vous n'êtes pas connectées, branchées...

NÉROLEL

Si je suis à ta place, je préférais mourir.

KEMDÉNÉ

La femme disons-le, n'a guère de l'indépendance et d'autonomie quant à sa visée arbitraire des pagnes pendant la Journée internationale des Femmes. Ces pagnes ne font pas d'elle un être sacré, social, digne de fois puis un être raisonné. Ils exposent cette dernière aux tortures, aux massacres et à l'incurie. Ils raffinent celle-ci aux beautés sublimes. Cette beauté sublime l'expose à la mort. En tout état de cause, l'homme qui épouse une beauté sublime de nature ou de l'artifice voire celle artificielle a le même problème qu'un enfant qui élève les poux en soi. Cet enfant s'expose à tous les genres de rancœurs dans son corps, notamment il se gratte incessamment, se fouille, se frappe puis s'observe un temps de silence en faisant une relecture forcée de sa vie. Ces poux le sucent, le diminuent corporellement et idéologiquement. La vraie beauté de la femme, c'est lorsque cette dernière se sent Homme digne de valeur de vie, se trouvant à l'aise dans son foyer, socialement, économiquement, culturellement et autonome puis, acquiert pleinement le titre de personnalité humaine.

DÉNÉTAR

Je regrette de t'avoir comme la présidente d'organisation de cette édition.

KEMDÉNÉ

Eu égard à des difficultés que rentrent les femmes, abordons ensemble la question de la commission d'organisation de huit mars de cette journée. Nous avons reçu une somme de six cent millions de la part du gouvernement par le biais du Ministère de la Promotion Féminine. Les cinq cent quatre-vingt-dix-huit millions ont été servis au financement des milliers des projets d'Associations des femmes par l'intermédiaire de sept Associations des femmes mères, réunies sous le nom du Collectif d'Association des femmes négligées. Selon le rapport de foi de ce Collectif, tout a été fait. Désormais, elles seront éduquées, soignées, se sentiront à l'aise chez elles, feront tranquillement leurs marchés en des lieux bien aménagés. Aussi, elles souhaiteront que toutes les Journées internationales des Femmes surviennent pareillement. Bien plus, les défilés pendant la Journée internationale des Femmes par les innombrables femmes, sont un temps de chasse à l'affût durant lesquels les hommes capturèrent leurs proies sans moindre effort. Ces dernières notamment les femmes mariées, y compris les filles qui défilent devant les podiums qui sont remplis de leurs oppresseurs font l'objet de choix multiformes par leurs prédateurs. Lors de ce défilé, l'esprit d'ouvrir le deuxième, le troisième ou le quatrième bureau animait ces derniers dont les femmes mariées ou responsables ou encore une partie aussi de filles défilant au podium font l'objet de sélection pertinente : elles perdent leur valeur humaine. Les filles, s'il fallait le dire ne sont pas épargnées de cette souillant défilée : massacre, dévalorisation corporelle, dénaturalisation de vie, le passage d'un état pur à celui d'impureté marque le temps chez les filles. Ce moment précis, mesdames et messieurs, il est peu éducatif. Pour clore, nous, membres de la Commission d'Organisation de la Journée internationale des Femmes édition DÉFI RELEVÉ, demandons que la justice soit rendue à notre collaboratrice.

SCÈNE IV

KEYMBÈTÉJÉ, KEYTAR, MADJILAR, DÉNÉTAR ET KEMATR

KEYTAR

(La cérémonie étant à sa fin, car la foule se disperse. Keytar s'en prend toujours aux dirigeantes). Je ne comprends pas toujours ce que cherchent ces femmes à la tête de cette commission ! Elles sortent même de quelle souche ?

KEYMBÈTÉJÉ

Nous sortons de la souche de l'acacia de ce pays. Et puis quoi encore ?

KEYTAR

Ah ! Ah ! Ah ! As-tu appris l'information ?

KEMATR

Laquelle des nouvelles alors ! Si ce n'est pas votre acte ignoble de ce matin ! Je t'informe que vous payerez toute, une à une.

KEYTAR

Ta folie surpasse ta morphologie !

KEMATR

Si tu pouvais le dire ainsi ! Crois-moi que j'étais totalement contre les idées de notre Présidente d'organisation à ce début. In fine, je me suis rendue compte que les pagnes sont le socle du sous-développement, de l'émancipation de femme et de ses perspectives. Encourager une femme à se camper sur le port des pagnes de huit mars, c'est faire la pépinière du sous-développement. Le sous-développement est encouragé dans notre pays par la subvention des pagnes de huit mars que d'autres projets phares, son port aveuglant et les bruits qui naissent au tour d'elle.

MADJLAR

C'est tout à fait ce qu'el…

DÉNÉTAR

Ta gueule, ma chère bénie oui-oui ! Vous êtes toutes les marionnettes oisives ! Quittes de là !

MADJILAR

Toi en particulier, tu regretteras. Madame, tu as les enfants en majorité fille et encore trop petites. Le malheur conjugal te visitera les jours à venir. De là, tu sauras que tu as raté le goût de vie de ton mari. Tu sauras en ce jour également que tu as raté de mieux pédalé ton mari. Madame, tu finiras par savoir que les Centres bien construits sont plus utiles que les pagnes. Donc, temporises-toi.

KEMATR

Victime de la même situation de formatage d'esprit qu'elle.

DÉNÉTAR

Profiteuse des faits sociaux. D'ailleurs, je déplore son sort après l'évènement.

MADJILAR

Rien ne l'arriverait ! Car, toute personne serviable par l'esprit n'a pas une fin physique, morale et historique. Elle construit infiniment la société même sa chaire se baigne de terre.

KEMATR

L'heure de la moralisation n'est même pas là…

KEYTAR

Oui mais c'est plutôt des œuvres de la morale que nous vivrons !

KEMATR

J'espère qu'elle veut goûter mes mains encore !

KEYMBÈTÉJÉ

En te voyant raisonner ainsi, j'appelle en une seconde la police pour ton crime.

KEMATR

Je ris aux éclats ! Qui finance la police tous les jours ? Va-t'en et nous verrons !

SCÈNE V

KEMDÉNÉ, KEYMADJI, KEYLAR, MADJILAR, KEYMBÈTÉJÉ, GARD CORPS I ET GARD CORPS II

KEMDÉNÉ

(À la réunion d'évaluation et de bilan des festivités) Mesdames les membres du bureau d'organisation de la Journée internationale des Femmes, je ne saurais m'exprimer sans entendre ce que vous avez retenu positif et négatif par rapport à nos efforts menés çà et là pour rendre lucide l'évènement tel qu'on l'espère toutes. Ainsi donc, mesdames, membres du bureau, nous avions évolué avec tant de difficultés qui aboutissent aujourd'hui à la disparition

de l'une de notre collaboratrice ; Madame Dénémbètéjé, qui, toutes, sommes témointes de sa brillante participation à la commission. Elle restera gravée dans nos mémoires et celles de toutes les femmes de notre pays. Je voudrais terminer mes propos en vous écoutant sur l'organisation et le moment vécu. Et donc, quelle analyse faites-vous à propos de l'évènement écoulé ?

KEYMADJI

Si l'aveugle se trouve au fond du puits, ce n'est justement la responsabilité de son guide. De gré ou de force, la vie de l'aveugle fleuriste grâce à celle de son guide. Partant de là madame la Présidente, je n'ai nullement pas les formules pouvant me servir à me faire pardonner pour votre personne mais, prenez acte de mes mots certes, les ennemies remettent les pendules de méninge en œuvre.

KEMDÉNÉ

Ce qui veut dire ?

KEYMADJI

Toutes vos œuvres sont louables. Je m'incline aux pieds de vous-mêmes et de celles-ci !

KEMDÉNÉ

Madame Madjilar !

MADJILAR

La naissance de toute personne est porteuse de ses capacités personnelles, des mérites, des souplesses et de compétences innovatrices brillamment techniques puis comportementales. Madame, vous nous revivez, reconstruisez et modélisez. Notre foyer est ce qu'il devrait être de nos jours.

KEMDÉNÉ

J'en prends bonne note, madame Keylar !

KEYLAR

Les tendances anciennes révolues font ainsi endormir l'innovation perpétuelle. Car, l'innovation des faits évolutifs se réveille, se modifie et se corrige en mettant en branle les tendances anciennes. Je vous adore !

KEMDÉNÉ

Les mots créent les sujets. Les sujets s'expriment à travers ces mots et lui donnent de sens. Madame Keymbètéjé !

KEYMBÈTÉJÉ

Le sourire aux lèvres de l'assemblée réunie en actif du silence dans un cadre, détruit le vice caractère des œuvres du responsable. Et donc madame la Présidente d'organisation, sachez que le domaine positif d'une responsable se traduit par le sourire aux lèvres de son Assemblée qui approuve et par son mode de silence.

KEMDÉNÉ

Alors, la crédibilité en toute chose s'apprend ! Je voudrais en ce moment *(deux gardes corps du Ministre apparaissent) !*

GARD CORPS I

Où est-elle donc madame la Présidente d'organisation ?

KEMDÉNÉ

Me voici, que voulez-vous ?

GARD CORPS II

Nous avons reçu l'ordre du Ministre de la Promotion Féminine que vous nous donniez le rapport de vos activités de la Journée internationale des Femmes.

KEMDÉNÉ

Message transmis ! Certes, dites-lui que j'apporterais d'ici peu de temps. Car, avec mes collaboratrices, nous sommes en train de constituer les données.

GARD CORPS I

Pas question !

GARD CORPS II

Nous ne pouvons pas repartir sans le rapport.

KEMDÉNÉ

Je vous demande de disposer !

L'USAGE DE PAGNES

À chaque jour, à chaque fait et innovation au lever du jour
La création marque sa présence.
Sa responsabilité se donne aux personnes en vie
Plus, l'homme se confie les tâches
Plus son exécution laisse à désirer
Plus des œuvres d'homme se créent
Plus son efficacité ne se pervertit aux bonnes mœurs du temps
L'homme et la création du bon sens font la fierté du temps
L'homme responsable fait la fierté pragmatique
De la société inférieure et non celle supérieure
Il regarde le social du lamda et non la poche d'alpha
Il craint le sort du bas et non du haut
Il se soucie de la vie du bas et non de la sienne
L'homme responsable réalise l'œuvre du bon sens
Celle qui solutionne les mots douloureux de ses cibles
Celle qui répond aux attentes du milieu d'accueil
Celle qui raisonne aux destructeurs
Celle qui redresse les intouchables
Celle qui dresse le chemin aux futurs venants
Parce qu'elle est subversive
Aux tendances anciennes.

TABLEAU VI

SCÈNE UNIQUE

BÉSANÉ, KENDÉMÉ, GARDE CORPS I ET GARDE CORPS II

BÉSANÉ

(Irruption du Ministre et ses gardes corps au milieu de l'Assemblée en réunion) Madame, que dites-vous à mes gardes corps ? Pourriez-vous me répéter ?

KENDÉNÉ

Je crois que quand on est responsable, l'évidence exigence que nos propos, nos comportements et nos perceptions s'habillent, monsieur le Ministre de la Pro…

BÉSANÉ

Stop *(tend sa main gauche)* ! Remettez-moi votre rapport d'activité !

KENDÉNÉ

Monsieur le Ministre, voulez-vous le rapport qui se fait ou ce que je dois faire ! D'ailleurs, le rapport ne se quémande pas !

BÉSANÉ

Osez-vous discuter avec moi ? Êtes-vous autorisées à hausser ce ton à mon égard ? Vous *(Désignant du doigt les membres du bureau)*, sortez le plus vite possible d'ici ! M'entendez-vous ?

KENDÉNÉ

(Demandant à ses collaboratrices de se mettre dehors) S'il vous plait, obéissez-lui *(elles se disposent d'eux) !*

BÉSANÉ

Levez-vous madame ! Mettez-vous hors du bureau ! Garde-corps I !

GARDE CORPS I

Son excellence !

BÉSANÉ

(Regagnant le bureau à la place de madame) Emmenez-le au fond de la salle !

GARDE CORPS I

(Il la tire jusqu'au lieu indiqué) Allons-y ! Allons-y !

BÉSANÉ

Arrêtez-vous ! Garde-corps II !

GARDE CORPS II

Son excellence !

BÉSANÉ

Suivez-le *(il les suivit)* ! Madame, dans quelques secondes, vous serez martyre pour la cause des femmes. Et donc, qu'avez-vous à me dire ?

KEMDÉNÉ

Eh bien ! Je me souhaite entendre également pour la dernière fois, monsieur le Ministre. La femme est l'ennemi de l'Homme. Certes, elle enfante l'Homme qui devient son véritable enfer comme vous. Alors, retenez que vous me ferez du mal actuellement comme vous me l'avez fait pendant votre venue au monde. Dites aux autres membres du gouvernement que désormais les financements de la Journée internationale des Femmes ne serviront jamais à la confection des pagnes de huit mars, mais plutôt qu'au développement éducatif, moral, culturel, économique, sanitaire, personnel, social et physique des femmes. Monsieur, portez ce message aux hommes qui se sentent humains !

BÉSANÉ

Message reçu ! Mes gardes corps, cette femme pense me déjouer. Elle pense remettre le pendule à l'heure. Elle est une véritable menteuse de sa génération aux objectifs des objets de plaisir. Une vraie criminelle de notre nation, hyper tête brûlée de la République. Sa condamnation a pour cause le refus catégorique de concevoir les pagnes de huit mars pour les autres. Ses projets réalisés sont bons à rien, nuisibles pour la nation, démoniaques à ses sœurs. Je décide de la faire quitter de ce monde pour ne pas que ces exemples soient copiés par ses sœurs.

GARDE CORPS I

Même pas ! Ses œuvres réalisées ne quitteront jamais ce monde. Et donc, si ses œuvres resteront à jamais, elle aussi, elle vivra. Alors, pardonnez-lui !

BÉSANÉ

Tais-toi ! Vous exécuterez à la lettre tous mes ordres qui seront donnés. N'est-ce pas ? Garde-corps I !

GARDE CORPS I

N'est-ce !

GARDE CORPS II

Automatiquement son excellence !

BÉSANÉ

Garde-corps I !

GARDE CORPS I

Son excellence !

BÉSANÉ

Tournoyez ses deux bras puis brisez-les !

KEMDÉNÉ

Oh oh ooooooh oh oooohohohooo !!! ohoh ! Les pagnes !

BÉSANÉ

À présent, elle a senti le mal qu'elle a commis à ses sœurs et même à la nation ! Mettez-le à terre ! Ensuite, brisez ses genoux !

GARDE CORPS I

Parfait !

KEMDÉNÉ

Là là là là !!!!!!! Vanité des vanités, tout est vanité sauf, subvertir les tendances innées chez l'homme, c'est autant de subvertir sa vie.

BÉSANÉ

Exactement ! Avez-vous bien compris et alors qu'est-ce qui vous aventure à ce point ? Brisez-moi son coup !

GARDE CORPS I

Honoré !

BÉSANÉ

Quel est son état ?

GARDE CORPS I

Elle est morte !

BÉSANÉ

Couchez-la alternativement !

GARDE CORPS I

Une morte, son excellence !

BÉSANÉ

Oui ! Vas-y !

GARDE CORPS I

Non et non ! Et puis non !

BÉSANÉ

Garde-corps II !

GARDE CORPS II

Son excellence !

BÉSANÉ

Exécution !

GARDE CORPS II

Excellent !

BÉSANÉ

Est-elle morte ?

GARDE CORPS II

Depuis !!!!

BÉSANÉ

Alors, couche-le car, c'est votre tour !

GARDE CORPS II

Plus jamais ça avec moi ! C'est votre tour plutôt *(il la tire puis…)* !

Lexique

1. La ministre de l'aviation civile, du transport et de la météorologie nationale refusant de prêter serment en jurant sur la Bible comme le recommande les dispositions de la nouvelle constitution de la quatrième république du Tchad. Certes, cette dernière souhaitant prononcer un engagement devant la nation et non devant Dieu.

RÉSUMÉ

Le huit mars renvoie-t-il à tout prix aux ports des pagnes, aux défilés de modes, aux expositions de la beauté humaine et à la découverte de sexes des hommes par les femmes ? Eu égard à de pratiques des évènements du huit mars de nos jours, la réponse est affirmative. Car, les différentes manifestations de huit mars organisées dans presque tous les pays du monde concourent à cet aspect que l'héroïne de la pièce dénonce. "Comment pensez-vous ainsi madame ! C'est l'Assemblée qui décide. D'ailleurs, les pagnes produits pour cette circonstance sont vides de sens et je dirais même nuisibles, comme une femme qui réclame les pagnes à l'égard de son mari, qui n'arrive pas à subvenir aux besoins croissants de la famille : double peines ! À quoi sert la beauté d'une femme performée par les pagnes du huit mars si son mari ne donne pas de ration, le bât quotidiennement, n'assure pas son rôle de père de la famille ? À quoi sert les bels visages rendus plus attrayants, doux, attaquants et piquants par les pagnes de cette journée, quand votre mari considère les violences conjugales comme un ballon de foot tournoyé sous les pieds de Ninga Casimir, de Samuel Eto'o, de Sadio Mané, de Messi, … Quand il vous considère comme un sujet sexuel, un objet de torture, une machine à production d'enfants ? C'est là, la foutaise des foutaises". Telles sont les questions lancinantes évoquées dans cette pièce de théâtre.

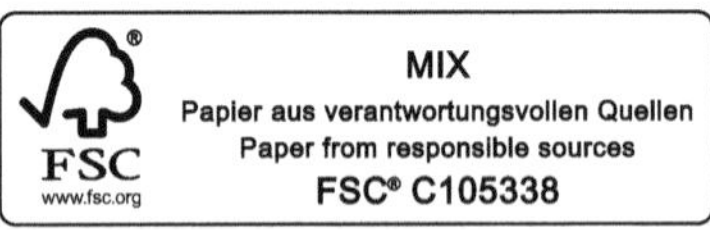

Printed by Books on Demand GmbH, Norderstedt / Germany